FRÉDÉRIC MICHEAU

LE GOUFFRE DÉMOCRATIQUE

Les gouvernants et l'opinion

LES ÉDITIONS DU CERF

www.editionsducerf.fr
24, rue des Tanneries
75013 Paris

ISBN : 978-2-204-15720-9

Avant-propos

L'opinion publique fait l'objet d'une alternative connue. Pour les uns, c'est une arpenteuse prête à se vendre au plus offrant, une belle-de-jour sujette à toutes les inconstances. À ce titre, elle ne mérite que le bannissement, notamment des prétoires comme le recommandait maître Vincent de Moro-Giafferri : « Chassez-la, cette intruse, cette prostituée qui tire le juge par la manche ! C'est elle qui, au pied du Golgotha, tendait les clous aux bourreaux[1]. » Seul le ruisseau sied à cette fille des rues, qui ne devrait en sortir sous aucun prétexte.

Pour d'autres, à l'inverse, l'opinion est une déesse envoûtante et omnipotente, dont le port altier impose des génuflexions révérencieuses. Souveraine au pouvoir sans frein, elle « décerne des prix et des couronnes, fait et défait les réputations ». C'est « une puissance invisible, qui sans trésors, sans garde et sans armée, donne des lois à la ville, à la Cour, et jusque dans le palais des Rois[2] ». Son « empire est doux et volontaire[3] » nous dit Pascal, pour qui « l'opinion est comme la reine du monde ». *Salve Regina !*

Entre ces deux représentations opposées s'intercale toute une gamme de conceptions de l'opinion publique, dont les sondages se sont imposés comme l'expression la plus courante. La littérature sur les études d'opinion couvre essentiellement le point de vue des citoyens et se concentre sur la période de la conquête électorale. Leur utilisation par le personnel politique, aux responsabilités et dans l'opposition, demeure encore peu explorée.

Or, ces usages font partie intégrante de l'exercice du pouvoir et, plus largement, du jeu politique. Les données issues des études et sondages sont toujours plus abondantes et toujours plus faciles d'accès. L'état de l'opinion publique est observé constamment par des dirigeants politiques de plus en plus méticuleux. À l'Élysée, à Matignon, dans les ministères et dans les administrations, des cohortes de conseillers sont chargées d'en suivre les moindres mouvements et de détecter tout signe annonciateur d'un éventuel embrasement social.

Parallèlement, la politique a cessé d'être porteuse de l'espoir d'une existence meilleure. La méfiance des citoyens vis-à-vis de l'action gouvernementale est devenue la norme, tant leurs attentes ne leur paraissent plus prises en charge. Le sentiment d'être incompris, voire abandonné par les élites politiques, se répand dans la population. Insatisfaite, la demande sociale s'exaspère.

Tout se passe comme si l'accumulation de chiffres avait élevé un écran opaque entre les gouvernants et les gouvernés. L'opinion publique n'a jamais été autant écoutée. Pourtant elle ne s'est jamais sentie aussi peu entendue. Comment expliquer ce paradoxe ? Est-il possible de résoudre ce dialogue de sourds ?

Cette situation est d'autant plus étrange que les inventeurs des sondages les concevaient comme un outil au service du perfectionnement de l'action politique. En 1940, George Gallup espérait que cette nouvelle technique favoriserait des politiques publiques correspondant davantage aux souhaits de la population. Aujourd'hui, la démocratie s'exténue dans une crise durable, dont les symptômes prolifèrent et s'aggravent. Seuls 31 % des Français estiment qu'elle « fonctionne bien[4] » en France…

Un abîme s'est ouvert entre les élus et les citoyens. La simple administration des choses paraît avoir supplanté le gouvernement des hommes. L'art de gouverner semble se réduire désormais à la gestion de crises à intervalles resserrés et à une tentative entêtée d'imposer à l'opinion des réformes dont elle ne veut pas. Entre gouvernés et gouvernants, bras de fer permanent.

Les responsables politiques semblent renoncer à exercer la dimension pédagogique de leur charge. Soit ils se replient dans un immobilisme frileux, nourri par la volonté farouche de préserver leur maigre capital de popularité. Soit ils s'enferrent dans l'application obstinée et obtuse de leur idéologie, en restant inaccessibles à toute critique mais mus par la conviction supérieure d'agir pour le bien du peuple, y compris contre sa volonté.

Convaincus de la toute-puissance de la prescription médiatique, ils négligent de s'adresser à l'opinion publique, vue principalement comme une instance immature et indocile, amnésique et prompte à toutes les apostasies. Une masse éruptive à canaliser pour réduire « le risque d'opinion ».

Mais plus qu'une menace à circonscrire, l'opinion publique constitue un appui solide à la disposition des hommes d'État. À l'opposé de la « sondocratie », c'est tout un jeu dynamique entre les gouvernants et les gouvernés, un dialogue franc et sincère, qu'il faut patiemment reconstruire pour la transformer en alliée et restaurer le lustre de l'engagement et la grandeur de l'action politique.

Pour ce faire, encore faut-il comprendre ce qu'est l'opinion publique, qui appartient aux notions « qui vont de soi et que l'on utilise sans y réfléchir avec attention et acribie[5] ». Mais la définition même de ce concept familier est un exercice périlleux, qui parfois se révèle contre-productif et crée de la confusion.

Citons par exemple cette présentation de la conception de l'opinion publique par Georg Hegel : « L'opinion publique est la conscience de soi non savante, c'est-à-dire non théoriquement scientifique ou pratiquement experte, que le politique, alors phénoménalisé ou irréalisé, idéalisé, comme public ("*publicus*" provient bien de "*politicus*"), prend de lui-même[6]. » Difficile de faire plus hermétique…

Tentons de clarifier cette imprécision terminologique en revenant à l'étymologie. Le terme « opinion » provient du latin *opinio* et du verbe *opinari*, qui a donné *opiner*, c'est-à-dire « dire son avis, son sentiment[7] ». Il comprend donc une forme d'expression : l'opinion est la verbalisation d'un point de vue, qui peut relever d'une conviction profonde ou d'une impression plus incertaine.

Le second sens du verbe *opiner* renseigne également sur la nature de l'opinion, puisqu'il signifie « voter, se prononcer au cours d'un jugement ». *Opiner pour, contre, en faveur de* revient à « exprimer son accord ou son désaccord avec une proposition ». Il s'agit de porter une appréciation et de prendre position sur quelque chose.

Sur quoi précisément faut-il se déterminer ? Dans la locution « opinion publique », c'est l'adjectif qui devrait le révéler. Mais lui aussi possède plusieurs significations. L'opinion publique est d'abord celle émise par le public, c'est-à-dire l'ensemble de la population. Ensuite, par opposition à l'opinion privée, elle désigne une opinion qui est exprimée au grand jour. Ce caractère public facilite sa diffusion et son appropriation par un nombre élevé.

Résumons : l'opinion publique est tout à la fois « le produit d'un auditoire particulier (le public), une opinion partagée (commune) et une opinion portée à la connaissance de tous et donc soumise au jugement de tous (publicité)[8] ». Dans sa thèse, Jean Stœtzel le fondateur du premier institut de sondage créé en France, l'IFOP, la définit comme « un ensemble de jugements sur les problèmes actuels, auxquels adhèrent une grande partie des membres d'une même société[9] ».

L'opinion publique « implique toujours plus ou moins un avis sur ce qu'il convient de faire, en particulier dans les affaires publiques[10] ». Ses recommandations concernent directement l'action des gouvernants. En tant que « sujet collectif abstrait[11] », elle formule des jugements de valeur tout en restant anonyme, ce qui renforce son insaisissabilité.

Se présentant sous des traits variés et variables, l'opinion publique apparaît comme un « opérateur polyvalent ». Elle est considérée parfois comme « un simple spectateur du jeu politique » ou bien comme « un acteur politique de plein droit, qu'il faut écouter », ou encore comme « un acteur collectif de second rang qui peut être trompé[12] ».

Cette polymorphie, qui elle aussi complexifie l'appréhension du concept, se double d'une instabilité dans le temps : l'opinion publique n'est pas conçue aujourd'hui de la même façon que lorsqu'elle est apparue et s'est imposée aux dirigeants politiques.

Revenons brièvement sur les conditions historiques de son émergence, étape indispensable pour comprendre le hiatus entre les gouvernants et les gouvernés qui caractérise la situation actuelle.

I

L'OPINION, UN POUVOIR QUE LE POUVOIR DOIT CONTRÔLER

> C'est de plus en plus l'opinion qui mène le monde.
> L'opinion commune est le seul guide qui reste à la raison individuelle chez les peuples démocratiques ; mais elle a chez ces peuples une puissance infiniment plus grande que chez nul autre[1].
>
> Alexis de TOCQUEVILLE

L'APPARITION D'UNE « FORCE MYSTÉRIEUSE »

L'opinion publique a souvent été présentée comme la force motrice de l'histoire. Dans cette vision téléologique, un même fil relirait le *nomos* des Grecs, la *fama popularis* des Romains, la *communis opinio* du Moyen Âge, la *publica voce, e fama* des Florentins, l'esprit public sous le règne de Louis XV et l'opinion publique moderne.

James Bryce affirme ainsi que « l'opinion a vraiment été le pouvoir principal et ultime dans presque toutes les nations à presque tous les temps[2] ». Pour David Hume, elle est au fondement de toute autorité politique : « la force étant toujours du côté des gouvernés, les gouvernants n'ont rien d'autre pour se soutenir que l'opinion. C'est donc sur l'opinion seule que le gouvernement est fondé[3]. »

En réalité, jusqu'à l'époque moderne qui a vu la recherche du consentement de la population devenir centrale[4], l'opinion n'a jamais été ni le détenteur, ni la source de l'autorité politique. Dans les monarchies par exemple, le pouvoir est d'ordre divin et ne repose pas sur l'opinion.

Cette idée d'un enracinement immémorial de l'opinion comme objet de préoccupation des gouvernants provient certainement de la pratique très ancienne des enquêtes. Dénombrer est au cœur de l'action politique, car le nombre permet d'estimer la puissance acquise. La démographie, la géographie et l'économie figurant parmi les premiers critères de la puissance, le pouvoir s'est logiquement employé dès l'Antiquité à recenser les individus, mesurer l'étendue de son territoire et évaluer sa force financière.

Collecter des renseignements sur la population est aussi une façon de matérialiser la présence de l'autorité politique. Éléments clés de l'administration, les *missi dominici* de Charlemagne doivent relever le ressenti dans les provinces[5]. À partir du Moyen Âge, les recensements s'accompagnent de la volonté de savoir ce que pensent les sujets, afin de renforcer leur allégeance et d'asseoir l'autorité du souverain.

Alors qu'elle n'avait jusqu'alors été importante que de façon sporadique, l'opinion publique devient un enjeu majeur lors de la crise religieuse des XVIe et XVIIe siècles. La rupture entre catholiques et protestants, qui ensanglante l'Europe, lance un défi au pouvoir politique : comment maintenir la paix civile ?

La réponse élaborée par Thomas Hobbes réside dans la relégation des croyances personnelles dans la sphère privée : « Le bon gouvernement des hommes en vue de leur paix et de leur concorde repose sur le bon gouvernement de leurs opinions[6]. » L'État n'a pas à se préoccuper des opinions, mais seulement à les encadrer pour préserver l'ordre public.

L'opinion publique en tant que notion surgit au XVIIIe siècle, dans le grand jaillissement des Lumières. Phénomène nouveau, elle désigne alors une élite sociale et intellectuelle, qui s'autorise à émettre un avis sur des œuvres culturelles d'abord, puis sur les affaires publiques. Elle exerce ce jugement au nom de la Raison, qui fonde sa légitimité à s'exprimer. Et pour exister, elle s'oppose et revendique.

Elle s'oppose à l'État. Face à l'absolutisme royal, elle affirme l'existence d'une société civile autonome. L'opinion publique se pose immédiatement comme une force de contestation du pouvoir politique, dont elle dénonce les injustices. Elle se présente ainsi comme « la meilleure résistance possible contre l'arbitraire du prince[7] », selon John Locke.

Pour remplir cette fonction, elle revendique la transparence face au secret et à la censure, les deux moyens d'encadrer la population en l'empêchant d'avoir accès aux informations concernant les projets du gouvernement. Au secret d'État (*arcana imperii*), symbolisé par les lettres de cachet, l'opinion oppose le principe de publicité[8]. Face à la censure, elle exige d'être informée des affaires de l'État.

Un premier homme politique va se charger de l'informer : Jacques Necker, ministre des Finances de Louis XVI. Dans son ouvrage *Compte-rendu au Roi* (1781), il place à la vue de tous, pour la première fois, la réalité des affaires publiques, en montrant toute l'étendue de la dette.

Si l'opinion exige d'être informée, c'est parce qu'elle entend contrôler la monarchie pour en tempérer les excès. Plus qu'un simple contrepoids ou un frein, elle s'affirme ainsi comme une autorité supérieure, qui exerce une contrainte sur le gouvernement et attend qu'il se soumette à des règles.

Progressivement, les détenteurs du pouvoir politique sont amenés à prêter plus d'attention à l'opinion. Quatre facteurs les engagent dans cette voie[9]. Il s'agit d'abord pour eux de sécuriser leurs sources de financement. Quand la force ne fonctionne plus pour prélever des taxes ou lever l'impôt, le recours à l'association des citoyens au pouvoir s'impose comme une nécessité.

Le deuxième facteur concerne le maintien de l'ordre intérieur. L'industrialisation des sociétés européennes et le développement urbain qui en découle ont créé les conditions d'une plus grande sensibilité à la violence. Pour prévenir d'éventuelles émeutes, l'écoute de l'opinion devient une priorité. Symétriquement, une réponse efficace à la menace extérieure, c'est-à-dire aux risques de conflits armés, implique l'approbation de la conscription par les citoyens.

Le dernier facteur est relatif à la stabilisation de l'État. La Révolution française déclenche une prise de conscience par les gouvernants de l'obligation d'obtenir le soutien de la population, plutôt que de s'appuyer sur la force pour contraindre le peuple à l'obéissance. La recherche du consentement apparaît comme un geste impératif pour conserver le pouvoir.

Simultanément, la liberté d'opinion est reconnue par la Déclaration des droits de l'homme et du citoyen, qui stipule que « nul ne doit être inquiété pour ses opinions » (article 10) et que « la libre communication des pensées et des opinions est un des droits les plus précieux de l'homme » (article 11). La victoire symbolique de l'opinion sur l'absolutisme se trouve ainsi consacrée. Son triomphe est absolu.

Cette force impétueuse qui a emporté le trône des rois devient un nouveau principe de légitimité politique, mais aussi un motif d'inquiétude majeure pour les détenteurs de l'autorité politique, qui comprennent que se dispenser de son appui revient à prendre le risque de perdre le pouvoir.

Mieux que quiconque, Napoléon Bonaparte sait que la tutelle de l'opinion publique, qu'il qualifie de « puissance invisible, mystérieuse, à laquelle rien ne résiste[10] », est indispensable. Le recours répété au référendum, qui tient lieu de plébiscite et constitue la source du pouvoir impérial, permet de vérifier son soutien.

Plusieurs autres moyens sont employés pour l'évaluer. La machine administrative est mise à contribution. Les préfets doivent sentir l'humeur du pays et assurer une remontée d'information constante. En 1801, un « bureau de statistiques » est créé par le ministre de l'Intérieur, Lucien Bonaparte. Son successeur, Jean-Antoine Chaptal, reçoit un état trimestriel de la situation dans chaque département.

En 1802, le conseiller d'État Pierre-Louis Roederer propose au premier consul « un dispositif de mesure systématique de l'opinion publique[11] », projet qui n'aboutit pas puisque Bonaparte dispose déjà d'un système remplissant ce rôle. Le comte de Lavalette lui transmet tous les mois des rapports sur l'état de l'opinion : « Après les avoir lus, je les brûlais. Mes ministres, mes amis ignoraient que je reçusse ces communications si importantes pour moi[12] », se souvient-il alors qu'il est encagé à Sainte-Hélène.

Enfin, l'Empereur s'appuie sur une mécanique d'orfèvrerie politique : la police de Joseph Fouché, qui exerce son activité grâce à un réseau d'indicateurs surnommés « les mouches ». La surveillance des comportements l'emporte toutefois sur le suivi de l'opinion. Souvent hors de France sur le champ de bataille, Napoléon a besoin de connaître la situation du pays, en particulier pour éviter les conspirations.

Avec le retour de la monarchie constitutionnelle, la place prise par l'opinion s'étend encore. Dans *De la monarchie selon la Charte*, Chateaubriand en fait le fondement du nouveau régime : « L'opinion publique est la source et le principe du ministère, *principium et fons*[13]. » Il en découle un axiome simple : « Si l'opinion publique a la capacité de faire et de défaire les gouvernements, il est alors nécessaire d'en connaître les variations[14]. »

Après que l'Empereur « fut reporté sur son trône par l'opinion publique[15] » pendant les Cent-Jours, la conservation du pouvoir devient l'obsession des Bourbons, qui connaissent trop bien les affres de la fuite et de l'exil. Illisible, l'opinion publique reste « une force sans maître[16] ». Il est donc impératif de l'évaluer pour la contenir, voire l'assujettir.

Pour cela, l'enquête politique connaît un essor marqué. Dès 1814, le directeur général de la police, le comte Jacques-Claude Beugnot, commande la réalisation d'une étude nationale sur l'esprit public[17]. Il s'agit ensuite de pérenniser une pratique administrative d'évaluation de « la situation morale et politique[18] ». La haute police développe une véritable expertise de l'opinion publique, qui va bien au-delà de la prévention des complots.

Après les Trois Glorieuses, le roi Louis-Philippe approfondit cette tendance et en fait un principe central de l'action politique. Très intéressé par l'esprit public, le président du Conseil François Guizot considère que « le grand problème des sociétés modernes [est] le gouvernement des esprits[19] ». En 1831, Honoré de Balzac ne peut que constater que « le gouvernement actuel est l'art de faire régner l'opinion publique[20] ».

La Restauration et la monarchie de Juillet ont ainsi jeté les bases de l'enquête politique. Le Second Empire va la systématiser. Le maintien au pouvoir demeure l'objectif ultime des gouvernants, qui sont d'autant plus attentifs à la stabilité du régime qu'ils procèdent eux-mêmes d'un coup d'État. Léon Faucher, ministre de l'Intérieur, déclare qu'un « pouvoir qui veut vivre et durer doit tâter chaque jour le pouls de l'opinion publique[21] ».

Napoléon III est acquis à ce principe et affirme : « J'ausculte en permanence l'opinion publique[22]. » Dès 1849, le ministère de la Justice demande aux procureurs généraux « une description exacte de la situation politique et morale au premier jour de chaque mois[23] ».

La IIIe République partage les préoccupations du régime impérial. L'épisode de la Commune de Paris a attisé la crainte de l'insurrection. L'octroi de droits démocratiques, que sont la liberté syndicale et le droit de réunion, font naître de nouvelles formes d'expression de l'opinion, comme la pétition, la grève et surtout la manifestation, dont la composante comportementale inquiète. La fin du siècle marque l'entrée dans « l'ère des foules[24] » : les masses remplacent les notables comme acteurs politiques majeurs.

Avec cette multitude aux proportions terrifiantes, apparaît la notion de « courants d'opinion ». Selon Gabriel Tarde, « ces sortes de fleuves sociaux [...] emportent d'assauts maintenant les cœurs les plus fermes, les raisons les plus résistantes et se font consacrer lois ou décrets par les parlements ou les gouvernements[25] ». Toute-puissance de l'opinion, vulnérabilité de l'homme d'État qui peut être englouti par ces torrents.

Cette précarité du pouvoir renforce encore l'inquiétude des gouvernants. Pour alléger cette angoisse, l'observation devient centrale : « Épier l'opinion est devenu aujourd'hui la préoccupation essentielle de la presse et des gouvernements. Quel est l'effet produit par un événement, un projet législatif, un discours, voilà ce qu'il leur faut savoir sans cesse[26] », note Gustave Le Bon en 1895.

Parallèlement, des institutions sont mises en place afin de réduire la menace à l'ordre établi que peut représenter une opinion publique non encadrée. Pour la domestiquer, le vote occupe une place privilégiée. Lorsqu'ils ont pu participer à son choix, les citoyens jugent le pouvoir moins hostile que celui qui leur est imposé. Mais le suffrage universel ne suffit pas à éteindre l'anxiété des gouvernants.

L'opinion étant vue comme un danger pour la sérénité et l'autonomie du jugement des élus, plusieurs mécanismes institutionnels sont inventés pour s'en prémunir. Parmi ceux-ci figure le scrutin indirect. Appliquée pour la désignation des Sénateurs, cette procédure à deux niveaux crée *de facto* un filtre entre les élus et les citoyens.

Autre dispositif mis en place pour permettre aux élus d'échapper aux passions de l'opinion, les mandats longs : la durée favorise une réflexion davantage détachée des pressions du quotidien. Le mandat à durée déterminée donne lui la possibilité de prendre des décisions contre l'opinion. Tiré au moment des élections, le bilan de l'action des gouvernants est déconnecté de l'effervescence qui entoure le vote d'une mesure.

Le bicamérisme est également conçu comme un moyen de mettre à distance l'opinion. La coexistence de deux chambres, à la composition et la durée différentes, avec des prérogatives spécifiques, limite la possibilité de subir une contrainte conduisant à se soumettre à toutes les extravagances de l'époque. Leur obligation de collaboration permet d'opposer la sagesse de discussions longues aux pulsions péremptoires de l'opinion.

Double degré d'élection, mandats longs et fixes, parlement bicaméral : la multiplication de ces armes antiopinion traduit l'inquiétude qu'elle suscite chez les dirigeants politiques. Mais ces lignes de défense paraissent dérisoires face à la puissance incontrôlable de l'opinion publique : « Tous les régimes français depuis la Révolution ont éprouvé, un jour ou l'autre, le sentiment de s'endormir sur un volcan[27]. »

Leur angoisse est d'autant plus forte qu'ils ne disposent pas encore d'un sismomètre perfectionné leur permettant de détecter les secousses annonciatrices d'une éruption politique pouvant les anéantir.

Les méthodes rudimentaires d'écoute de l'opinion

Les moyens par lesquels les gouvernants tentent de déterminer l'opinion publique sont variés. Ils relèvent davantage de la déduction empirique que de la mesure scientifique. Spontanément, les échanges avec la population sont privilégiés. Lors de sa présidence, Abraham Lincoln reçoit deux fois par semaine des citoyens à la Maison-Blanche : c'est ce qu'il nomme ses « bains d'opinion publique[28] ».

Les dirigeants politiques sollicitent aussi divers relais d'opinion : les notables, les religieux, les groupes d'intérêt, les organisations patronales, les responsables d'associations, les intellectuels, les universitaires, les éditorialistes, etc. Les cadres et les élus du parti au pouvoir sont mis à contribution. Ils recueillent le sentiment général exprimé au niveau local, puis le transmettent sous forme de synthèse aux gouvernants nationaux.

Dès les années 1820, aux États-Unis, des pseudo-consultations électorales appelées votes de paille (*straw votes*) sont organisées pour tenter de mesurer le rapport de force politique en amont des élections présidentielles. Et les résultats des scrutins, nationaux ou locaux, partiels ou non, sont évidemment utilisés pour lire le sentiment public. Signalons aussi l'analyse du courrier envoyé aux élus : le volume de lettres reçues, les sujets abordés et la tonalité générale du propos renseignent sur la teneur de l'opinion.

À partir de la deuxième moitié du XIXe siècle, la presse écrite est considérée comme le principal indicateur de l'opinion publique. Les journaux sont analysés par le pouvoir dans la mesure où ils sont supposés refléter fidèlement les vues des populations locales. Mais ce postulat étant sujet à caution, la portée des conclusions qui peuvent en être tirées reste limitée.

Pendant la Première Guerre mondiale, le suivi de l'état de l'opinion prend un aspect cardinal : le moral national est un des facteurs clés de la victoire. À la connaissance nécessaire de l'opinion s'ajoute le besoin encore plus vital de susciter et maintenir son adhésion, voire de la galvaniser. Le Président américain Woodrow Wilson met en place une agence indépendante, le *Committee on Public Information*, pour mobiliser l'opinion au profit de l'effort de guerre.

Après l'armistice, l'habitude prise d'écouter l'opinion publique se maintient. Mais les informations disponibles demeurent approximatives, ce qui handicape l'exercice du pouvoir. Woodrow Wilson résume parfaitement cette imprécision concernant les citoyens : « Je ne sais pas ce à quoi ils pensent. Je dispose des moyens les plus imparfaits pour le découvrir, et pourtant, je dois agir, comme si je savais[29]. »

Conscient de ces limites, le Président Hoover souhaite disposer d'une mesure plus scientifique de l'opinion. En 1929, il met sur pied une structure *ad hoc* pour étudier la société américaine : le Comité de recherche sur les tendances sociales (*President's Research Committee on Social*

Trends) produit une mine de renseignements. Un premier pas vers l'utilisation des outils de la science sociale pour évaluer l'opinion est franchi.

Élu pour mettre fin à la Grande Dépression, Franklin D. Roosevelt utilise les ressources administratives à sa disposition pour connaître l'état d'esprit des Américains. Par exemple, en 1936, il demande aux directeurs du National Emergency Council d'évaluer l'opinion dans chaque État[30]. Il bénéficie aussi d'un service de presse qui lui permet de suivre 350 journaux et 43 magazines[31].

Au début des années 1930, les gouvernants disposent ainsi de moyens d'information sur l'opinion diversifiés, mais peu pratiques. Ils se trouvent toujours confrontés au problème suivant : comment connaître précisément l'opinion, sans avoir recours à la procédure lourde et risquée qu'est l'élection ?

Cette interrogation générale se décline en deux sous-questions. D'une part, comment disposer d'une vision actualisée de la volonté populaire ? Le vote est intermittent, alors que l'opinion évolue en continu. D'autre part, comment faire pour avoir une connaissance détaillée des jugements et attentes de la population ? Le bulletin de vote reste muet sur l'adhésion ou le refus des citoyens à telle politique ou telle mesure, les raisons qui les motivent, etc.

À la fin du XIXe siècle, un homme politique britannique et professeur de droit civil à Oxford a bien identifié ces difficultés : le vicomte James Bryce. Dans *The American Commonwealth*, qu'il publie en 1888, il aborde la question de l'opinion publique et de son développement historique.

Il considère que le système actuel, dans lequel la souveraineté du peuple s'exerce à intervalles réguliers au moyen des élections, est perfectible. Une nouvelle étape démocratique serait atteinte si le souhait de la majorité des citoyens était « vérifiable à tout moment, et sans qu'il soit nécessaire qu'elle passe par un corps de représentants, peut-être même sans avoir besoin de mécanisme de vote[32] ».

L'opinion publique « non seulement régnerait mais gouvernerait » : elle aurait établi sa loi (*rule of public opinion*). La souveraineté populaire n'aurait plus besoin d'être déléguée pour être exercée. Elle resterait en permanence entre les mains des citoyens.

Au moment où il formule ce projet politique idéal, James Bryce juge que l'exercice du « gouvernement par l'opinion » est empêché par un obstacle d'ordre technique : la difficulté de vérifier et déterminer l'opinion publique. Un demi-siècle plus tard, au milieu des années 1930, George Gallup pense avoir décelé le moyen de lever cette barrière. *Eurêka* !

Les sondages, une solution moderne à un problème ancien

Tout en enseignant le journalisme à Columbia University, George Gallup dirige les études de l'agence de communication Young and Rubicam, ce qui le conduit à s'intéresser à l'opinion publique. Fortement influencé par le projet démocratique échafaudé par James Bryce, il estime que l'interrogation par sondage d'un échantillon représentatif de la population va permettre l'établissement définitif du règne de l'opinion annoncé par le penseur britannique.

D'emblée les sondages s'inscrivent dans le cadre de la théorie démocratique. La référence à l'œuvre de James Bryce fournit un soubassement intellectuel à l'activité des premiers sondeurs, tout en la légitimant. Pour le docteur Gallup[33], l'opinion publique est « le pouls de la démocratie[34] » et les sondages sont l'instrument de prédilection pour prendre la tension du corps social.

Ils constituent une formidable avancée pratique : ils permettent de connaître l'opinion des citoyens sans recourir à l'élection. À cet égard, leur fonction est identique à celle du vote. Mais les coûts associés pour les gouvernants sont très inférieurs. Et les risques politiques sont très faibles : contrairement aux conséquences d'un scrutin perdu, aucun élu n'est contraint de quitter le pouvoir en raison d'un mauvais sondage.

Plus précisément, les sondages comblent plusieurs des lacunes de la procédure électorale. Ils permettent de clarifier le message des urnes et de savoir ce que pensent les électeurs thème par thème. Ils peuvent être réalisés à tout moment, alors que le vote intervient à échéance fixe. Et ils donnent une vision plus fidèle de l'opinion, car ils ne sont pas affectés par l'abstention.

Surtout, pour George Gallup, les sondages fournissent une solution à un problème technique encore plus fondamental pour la démocratie : comment faire pour que les gouvernants cernent les souhaits des gouvernés et élaborent des politiques publiques qui y répondent ?

Combinés aux médias, ils constituent pour les citoyens un puissant moyen de participation à la vie politique. Ils présentent un atout majeur pour la vitalité du débat démocratique : ils assurent l'expression de tous, sans distinction, et pas uniquement des plus politisés, des plus cultivés ou des plus aisés financièrement. C'est bien là le projet des premiers sondeurs : au sortir de la terrible crise économique de 1929, il faut donner la parole à « "l'homme oublié" (*forgotten man*) de la Dépression[35] ».

Une conviction anime ces pionniers : le péril croît pour la démocratie quand le citoyen estime que les dirigeants ne se soucient pas de lui et prennent des décisions sans tenir compte de son avis. Pour eux, l'opinion publique ne peut servir la démocratie que si elle peut être entendue. Il est significatif de noter que l'institut Gallup publie ses résultats dans une tribune intitulée « l'Amérique parle » (*America Speaks*).

Les sondages donnent à entendre plus distinctement la voix du peuple. Ils « transforment le mutisme ou les grognements d'hier en une suite intarissable de jugements, d'avis, de remontrances et d'approbations[36]. » Plus claire, cette voix est aussi plus forte. En assurant la médiatisation de l'opinion, les sondages « tendent un mégaphone à la voix du peuple, la faisant résonner dans les couloirs du gouvernement[37] ». Grâce à eux, « l'universel murmure[38] » trouve une voix de stentor.

Cette fonction de porte-parole que s'attribuent les sondages s'oppose aux faux représentants de l'opinion, qui prétendent parler en son nom, mais ne font que défendre des intérêts catégoriels. Débarrassée de ces intermédiaires encombrants, la communication entre les gouvernants et les gouvernés est fluidifiée.

Fortifiée, clarifiée et désintermédiée par les sondages, la voix de l'opinion publique doit être écoutée par les dirigeants politiques et traduite en action concrète : voici la seconde partie du projet démocratique de George Gallup. Une vision plus précise, neutre et objective des attentes de la population doit conduire à des politiques publiques qui les prennent mieux en charge.

Les sondages sont ainsi présentés comme un outil d'optimisation de l'art de gouverner. Les dirigeants politiques américains vont s'en saisir immédiatement.

II

L'ÉDIFICATION INSTITUTIONNELLE DU DISPOSITIF D'ÉCOUTE DE L'OPINION

> Quand je veux savoir ce que pense la France, j'interroge l'homme de la rue qui vient me demander service. C'est moins coûteux qu'un sondage d'opinion ; tout aussi sûr[1].
>
> Alain PEYREFITTE

AUX ÉTATS-UNIS, LA CONSTRUCTION DU *POLLING APPARATUS*

Premier président à utiliser les études d'opinion dans l'action gouvernementale, Franklin Delano Roosevelt prend connaissance de tous les sondages publiés dans la presse, qui lui sont transmis en avance de publication par les sondeurs et les journalistes proches du pouvoir[2].

Toutefois, il ne veut plus s'en remettre au travail de la presse car il a besoin de toute latitude dans la réalisation des enquêtes. Il se montre méfiant vis-à-vis des sondeurs et refuse de faire directement appel à eux. George Gallup en particulier se voit soupçonné d'entretenir des accointances avec le camp républicain. Le président reçoit aussi des études confidentielles réalisées par son parti pour le compte de la Maison-Blanche[3]. Mais il ne souhaite plus dépendre de sa formation politique pour mesurer l'opinion.

Il veut enfin s'émanciper de la tutelle des parlementaires. En tant qu'organe représentatif, le Congrès doit porter la voix des citoyens et la traduire en lois. À ce titre, l'évaluation de l'opinion publique lui revient de façon naturelle. Il contrôle aussi les crédits qui sont accordés à la présidence : si elle souhaitait commander un sondage, elle se verrait opposer un refus immédiat.

C'est donc une quadruple prise d'autonomie que recherche le président : vis-à-vis des médias, des sondeurs du Parti démocrate et du Congrès. Comment faire ?

La solution est apportée par Anna Rosenberg. Cette experte des relations publiques, confidente du président, suggère d'avoir recours au Bureau de recherche sur l'opinion publique (*Office of Public Opinion Research*). Au sein de l'université Princeton, cette structure de recherche réalise ses propres études d'opinion. Elle pourrait parfaitement constituer un autre canal d'accès à l'opinion publique pour FDR, qui donne son accord.

Dès mars 1941, Hadley Cantril, le professeur de psychologie sociale qui dirige le bureau, transmet à la présidence les résultats de ses études et propose de poser des questions confidentielles. Alors que la Seconde Guerre mondiale fait rage sur le sol européen, l'opinion des Américains concernant l'aide apportée à l'Angleterre dans le cadre de la loi du prêt-bail (*Lend-Lease act*) est évaluée.

Après le bombardement de Pearl Harbor, le suivi et la préservation du moral de la population deviennent centraux. Comme lors du premier conflit mondial, il faut connaître la capacité à soutenir l'effort de guerre. Les sondages deviennent le « stéthoscope du président[4] ».

Au plus fort du conflit armé, les données produites secrètement revêtent une haute valeur stratégique pour le *Commander in Chief.* Selon Hadley Cantril, « Roosevelt considérait les rapports qui lui étaient envoyés comme un général considérerait les informations fournies par ses services de renseignements[5] ». Pour satisfaire à l'exigence d'hyperréactivité de la présidence, des petits échantillons sont utilisés : une demande formulée le matin reçoit des résultats dans l'après-midi[6].

À la fin de la guerre, FDR a posé la première pierre d'une infrastructure d'écoute de l'opinion publique (*public opinion apparatus*[7]). Toutefois, ses successeurs immédiats ne vont pas s'attacher à la développer. Avec le retour de la paix, l'usage des sondages décline.

Le Président Harry Truman les utilise très peu. Dans ses mémoires, il note : « Je n'ai jamais prêté attention aux sondages moi-même car, à mon avis, ils ne représentaient pas un véritable échantillon représentatif de l'opinion américaine[8]. » Même frugalité pour son successeur, Dwight Eisenhower. Jusqu'à la fin des années 1950, le sondage demeure un outil de gouvernement secondaire.

L'élection de John F. Kennedy en 1960 apporte un premier changement. Le nouveau président sait qu'il doit les clés de sa victoire très serrée au sondeur Louis Harris. Une fois au pouvoir, il continue de le solliciter. Une quinzaine de sondages sont réalisés, souvent en incluant des questions pour la Maison-Blanche dans des études conduites pour d'autres clients. Cette technique, dite de la greffe (*piggybacking*)[9], permet de réaliser des enquêtes à bas prix, l'essentiel des coûts étant supporté par les autres commanditaires.

L'utilisation présidentielle des sondages reste recouverte d'un voile de secret. Par crainte que sa pratique ne soit découverte et pour se prémunir d'une fuite éventuelle des résultats, John F. Kennedy insiste pour que les données soient conservées dans un coffre-fort situé dans le bureau de son frère, le ministre de la Justice[10]. La plupart des études réalisées portent la mention « confidentiel[11] ».

Après avoir succédé à JFK, Lyndon B. Johnson accroît le recours aux sondages. Il est le premier président à confier à un conseiller – Fred Panzer – le suivi et l'analyse des enquêtes publiées[12]. Les sondages confidentiels sont réalisés en coordination avec Arthur Krim, le trésorier du Parti démocrate.

Le secret professionnel demeure une exigence forte émise par la Maison-Blanche. Lorsqu'en novembre 1966 le Président Johnson constate que le sondeur Oliver Quayle fait de plus en plus étalage de leur collaboration, il suspend immédiatement leurs relations de travail et fait appel à John Kraft et Joseph Napolitan. Dix fois plus de sondages sont commandés que sous l'administration de John F. Kennedy (110 études contre 15).

Nouvelle accélération avec la prise de fonction de Richard Nixon en 1969. H. R. Haldeman, le chef de cabinet du président, propose de mettre en place un dispositif d'étude de l'opinion, qui serait détenu exclusivement par la Maison-Blanche[13].

La première motivation consiste à ne pas dépendre uniquement des sondages diffusés dans les médias. La différence entre un sondage publié et une étude d'opinion *ad hoc*, conçue spécifiquement par et pour le commanditaire, est abyssale : « L'un est une large hache, l'autre un scalpel[14]. » Outre cette plus grande précision, la maîtrise complète du sondage permet de détenir une information exclusive.

Un problème se pose toutefois à propos du financement des études. Si la Maison-Blanche le prend en charge, elle s'expose à un droit de regard du Congrès. Or, un audit concernant les sondages entraînerait des conséquences d'autant plus néfastes que le Sénat comme la Chambre des représentants sont dominés par le Parti démocrate, adversaire du président républicain.

Les conseillers de Richard Nixon refusent cette solution trop risquée politiquement. Ils recommandent donc de se tourner vers le parti et les grands donateurs. Le président va donc les solliciter en justifiant ces investissements coûteux par leur fort bénéfice stratégique. Il obtient gain de cause.

Mais la générosité de ces différents interlocuteurs ne leur donne pas accès aux études qu'ils financent : pour des raisons de confidentialité, Richard Nixon s'oppose à ce qu'elles leur soient transmises et exige que la lecture de certains résultats demeure réservée à « sa seule attention » (*for his eyes only*). Sa formation politique s'en plaint vivement. Pour apaiser la situation, il lui fait transmettre une version allégée des résultats, dont les questions stratégiques ont été expurgées.

Le vice-président lui-même n'est pas informé des résultats, en particulier des études portant sur sa propre popularité ! L'ignorance dans laquelle il est maintenu est telle que ses conseillers proposent de réaliser des sondages sur des sujets qui ont en réalité déjà été couverts par les études de la Maison-Blanche[15]...

Le nombre de sondages réalisés pendant la présidence Nixon connaît un essor important : 233 études sont commandées, soit deux fois plus que sous l'administration Johnson[16]. Elles deviennent aussi plus pointues techniquement : par exemple, une analyse multivariée d'un sondage est réalisée pour la première fois[17]. Sous la brève présidence de Gerald Ford, les pratiques mises en place par Richard Nixon perdurent.

Une nouvelle étape est franchie avec l'administration Carter. Pour la première fois, un sondeur dispose d'un bureau dans la *West Wing* de la Maison-Blanche. Patrick Caddell n'a que 26 ans, mais il dirige son propre institut de sondage, Cambridge Survey Research. Artisan de la victoire de Jimmy Carter, il dispose d'un accès direct au président et sera l'unique prestataire de la présidence pendant le mandat.

Tous les présidents suivants s'appuieront sur les services d'un sondeur attitré, avec lequel existent des relations de confiance et de proximité, souvent nouées dans l'épreuve d'une campagne électorale.

Ronald Reagan choisit de travailler avec Richard Whirthlin. Écouté et apprécié, le président de Decision Management Information (DMI) peut se prévaloir d'une grande proximité avec le président. Il s'enorgueillit de n'avoir vu aucune de ses demandes de rendez-vous (en moyenne un par mois) lui être refusées[18]. À cela s'ajoutent de multiples échanges par téléphone et discussions informelles.

Outre le président, il livre ses analyses aux plus proches collaborateurs du chef de l'État et il lui arrive de briefer l'intégralité du cabinet. Il est consulté avant tout événement politique ou intervention médiatique importante et n'hésite pas à fournir des conseils politiques. Bref, c'est un pilier de la Maison-Blanche.

Pour faciliter l'accès à l'information sur l'opinion publique, il utilise toutes les ressources de l'informatique encore naissante. Il met ainsi sur pied une banque de données, qui archive toutes les études conduites par son institut et celles publiées par Harris et Gallup[19]. Une synthèse des sondages (*Public Opinion Digest*)[20] est réalisée et diffusée régulièrement.

À la fin des années 1980, George H. Bush fait un recours plus modéré aux sondages. L'arrivée de Bill Clinton à la Maison-Blanche s'accompagne d'une recrudescence des études d'opinion. Le sondeur Stan Greenberg, surnommé le *Pollster General*, est consulté au moins une fois par semaine[21]. Après la débâcle des *midterms elections* de 1994, il est remplacé par Dick Morris, qui sera le conseiller le plus influent du président[22].

Sous l'administration de George W. Bush, le Bureau des initiatives stratégiques (*Office of Strategic Initiatives*) suit et analyse les études publiées et les sondages confidentiels. Son directeur, Karl Rove, baptisé « l'architecte » en raison de sa capacité à construire une campagne électorale victorieuse, est le seul point d'entrée à la présidence des sondeurs.

Au cours de ses deux mandats, Barack Obama a travaillé avec le sondeur Joel Benenson. Favorisant lui aussi la continuité historique, il fait aussi appel à Mark Penn, qui avait travaillé avec Bill Clinton. Au lancement de sa campagne présidentielle, Donald J. Trump se vantait de ne pas recourir aux services d'un sondeur et critiquait ses adversaires : « Ils paient ces gars deux cent mille dollars par mois pour leur dire : "Ne dites pas ceci, ne dites pas cela." [...] Personne ne me dit quoi dire[23]. »

Mais il s'est rapidement adjoint les services de Kellyanne Conway, présidente de l'institut de sondage The Polling Company. Nommée au poste stratégique de directrice de campagne, elle fut ensuite la principale conseillère du président de 2017 à 2020, signe que l'utilisation des sondages est devenue une réalité incontournable de la pratique du pouvoir aux États-Unis.

Dans l'hexagone, la construction d'un dispositif d'écoute de l'opinion a été plus tardive, en raison des préventions du monde politique.

En France, le dépassement des réticences initiales

Fondé en décembre 1938, l'Institut français d'opinion publique voit ses premiers pas stoppés par la « drôle de guerre ». Le régime de Vichy cherche à évaluer le sentiment général de la population, ainsi que la popularité de Pierre Laval et de ses ministres[24]. Il ouvre la correspondance des Français pour en vérifier le contenu : en moyenne, 300 000 envois hebdomadaires sont analysés par « le plus considérable des dispositifs de repérage policiers de l'opinion publique jamais mis en place en France[25] ».

À la Libération, un homme joue un rôle actif pour l'introduction des sondages en politique : Marcel Bleustein-Blanchet. En 1938, le fondateur de l'agence de communication Publicis a rencontré George Gallup à New York. Impressionné, il cherche à importer les sondages : « Rentré en France, j'essayais vainement de faire partager mon enthousiasme aux hommes en place et, après-guerre, je connus la même déconvenue avec les présidents du Conseil de la IVe République[26] », raconte-t-il dans ses mémoires.

Ce n'est ni à de l'incompréhension, ni à de la suspicion qu'il se heurte, mais à une opposition résolue. La représentativité statistique des sondages fait concurrence à la représentation politique des élus : chacun prétend faire parler l'opinion publique.

Face au péril, un sénateur sonne le tocsin et estime très dangereux de croire « que l'on pourrait substituer au rôle des parlementaires l'activité d'ordinateurs qui, consultés toutes les semaines ou tous les jours, fourniraient aux gouvernants les indications nécessaires pour poursuivre ou infléchir leur politique[27] ». La robotisation de la vie politique par les sondages menacerait les représentants du peuple, qui se doivent d'assurer leur défense et même leur survie.

Ce rejet réflexe des sondages prend aussi sa source dans la difficulté à comprendre leur apport. Le contact direct avec le terrain, mode historique et traditionnel de communication entre les gouvernants et les gouvernés, est privilégié. Jacques Chirac prétend ainsi « qu'il prend mieux le pouls populaire avec ses paysans et ses maires de canton. Il a été (dé)formé par Marie-France Garaud qui, elle, interrogeait son chauffeur et le gardien de sa propriété[28] ».

Même si la majorité du personnel politique fait la sourde oreille aux sondages, quelques précurseurs ont l'audace de les expérimenter. C'est le cas de René Pleven qui a découvert cette nouvelle technique pendant la guerre lors d'un voyage aux États-Unis. En avril 1953, devenu ministre du gouvernement de René Mayer, il commande à l'IFOP une étude confidentielle sur « les problèmes de la Défense nationale et le moral des Français[29] ».

L'année suivante, les efforts de pédagogie de Marcel Bleustein-Blanchet en direction du monde politique portent leurs fruits. Sa connaissance intime du président du Conseil Pierre Mendès-France, avec qui il entretient des liens d'amitié, se révèle un atout.

Il lui propose de réaliser une enquête d'opinion sur l'alcoolisme. Pierre Mendès-France accepte. « Pour me faire plaisir, mais sans trop y croire[30] » se souvient le fondateur de Publicis. Les résultats du sondage réalisé en 1954 par l'IFOP aboutiront à une campagne de communication au slogan célèbre : « Quand les parents "boivent", les enfants "trinquent". » De façon inédite, « un sondage oriente clairement la communication gouvernementale[31] ». Coup d'essai, coup de maître.

Dans le prolongement de ce test réussi, Marcel Bleustein-Blanchet propose à Pierre Mendès-France de réaliser un sondage portant sur son action en tant que président du Conseil. Les résultats sont sans équivoque : 58 % des interviewés s'en disent satisfaits[32]. Les chiffres sont proposés à *France Soir* qui les publie. Pour la première fois, un sondage commandé par un homme politique est médiatisé.

Après ce succès liminaire, les sondages s'installent peu à peu comme un outil au service des gouvernants. L'IFOP travaille « pour tous les présidents du Conseil : Guy Mollet, Edgar Faure, Bourgès-Maunoury, Félix Gaillard[33]... » de la fin de la IVe République. La France s'inscrit ainsi dans un mouvement général, qui concerne toutes les grandes démocraties occidentales.

Avec le changement de régime et le passage à la Ve République, la connaissance de l'opinion s'institutionnalise. Les sondages permettent de mieux comprendre la nouvelle façon dont le jeu politique se déroule, mais restent réservés aux spécialistes. Ce « premier âge des sondages[34] », selon la périodisation établie par Jérôme Jaffré, prend fin avec l'élection présidentielle de 1965. La campagne électorale réussie de Jean Lecanuet démontre aux politiques la nécessité d'utiliser les sondages.

Pour étudier l'opinion, l'État gaullien préfère recourir à ses propres services, plutôt qu'à des instituts privés. Ces sondages sont conçus et réalisés par le ministère de l'Intérieur, au sein de la Direction centrale des renseignements généraux (DCRG).

Pour remplir leur mission, les fonctionnaires des RG, que le ministre de l'Intérieur Jules Moch appelait « les météorologues de l'opinion[35] » à la Libération, interrogent directement les citoyens, comme n'importe quel enquêteur d'un institut. Ce travail est institutionnalisé par la création en 1964 de l'Office central de sondage et de statistique (OCSS).

À l'Élysée, il n'existe pas à proprement parler une personne en charge du suivi de l'opinion. Jacques Narbonne, le conseiller pour l'éducation, remplit cette fonction de façon informelle. Le Général est aussi tenu précisément informé des études d'opinion, avant leur publication dans la presse, par Jacques Foccart, le secrétaire général de l'Élysée aux affaires africaines et malgaches.

Sous la présidence de Georges Pompidou, l'usage des sondages reste très limité. Il n'existe toujours pas de conseiller dédié. La tâche du suivi de l'opinion est dévolue à Pierre Juillet. Mais ce très proche collaborateur du président « répugnait à s'embarrasser des sondages et écoutait distraitement les rapports que lui faisait en la matière le conseiller en communication de l'Élysée, le centriste Denis Baudouin[36] ».

Les sondages remplissent principalement une fonction informative très générale. L'appui technique est inexistant. Le Premier ministre Pierre Messmer se souvient de son passage à Matignon (1972-1974) : « Lorsque je lançais une réforme, à l'époque, je n'avais aucune idée de la façon dont l'opinion publique la recevrait. Il n'y avait pas de sondages[37]. » Au cours des quinze premières années de la Ve République, les usages gouvernementaux des sondages restent donc très sommaires.

Avec l'entrée à l'Élysée de Valéry Giscard d'Estaing, une bascule s'opère. Un usage habile des sondages lui a permis de supplanter Jacques Chaban-Delmas pendant la campagne électorale. Comme aux États-Unis, la conquête du pouvoir a une valeur propédeutique : elle permet d'apprendre les rudiments du maniement des sondages et de constater les bénéfices de la connaissance de l'opinion.

Au pouvoir, le nouveau président entend incarner la modernité et rénover la façon de gouverner, notamment en continuant à utiliser les sondages. Puisant son inspiration outre-Atlantique, il crée pour la première fois dans l'organigramme de la présidence un poste de chargé de mission, responsable du suivi de l'opinion mais aussi de la communication. Son titulaire ? Un jeune homme de 33 ans, Bernard Rideau, qui travaillait dans l'équipe de campagne. Autour de lui, quatre diplômés de Sciences Po composent une « véritable cellule d'opinion à l'Élysée[38] ».

Parallèlement, Matignon structure un organe dédié à l'étude de l'opinion : le Service d'information et de diffusion est fondé en février 1976. Le décret portant sa création stipule que le SID est chargé « de coordonner, ou d'entreprendre sur le plan interministériel, des études et sondages d'opinion[39] ». Sa direction est confiée à un sous-préfet, Hubert Blanc, dont la première tâche est de lancer un ensemble d'études barométriques de suivi de l'activité gouvernementale.

Un an plus tard, en juillet 1977, le Premier ministre Raymond Barre impose la première législation sur les sondages. Au moment où les études d'opinion trouvent une forme de reconnaissance institutionnelle de leur apport, leur publication est interdite dans la semaine précédant chaque scrutin électoral. Information précieuse pour les gouvernants, influence pernicieuse pour les gouvernés.

À la fin du septennat de Valéry Giscard d'Estaing, Matignon dispose d'un service de suivi de l'opinion publique et l'Élysée d'un conseiller dédié à ces questions. Ces deux innovations majeures ne seront pas remises en cause par l'alternance.

Malgré ses préventions initiales, François Mitterrand a appris à utiliser les sondages dans les années 1970, notamment grâce à Charles Salzmann. En amont et pendant la campagne de 1981, cet ingénieur avait assuré le suivi des études d'opinion pour le candidat, qui lui propose de poursuivre sa tâche à la présidence de la République en lui confiant la fonction de conseiller opinion.

Le nouveau locataire du 55 faubourg Saint-Honoré a la volonté d'être autonome, ce qui signifie ne pas dépendre uniquement de Matignon et des commandes passées au Service d'information et de diffusion. À partir de 1984, il fait appel à Jacques Pilhan, directeur de l'agence de communication Temps public, qui réalise des études qualitatives. À Gérard Colé, qui fut assistant du porte-parole du parti socialiste, est confiée la cellule prospective du SID. Jean-Luc Aubert complète le trio.

Les trois hommes inventent « l'écriture médiatique », qui consiste à partir de mots, d'images et de symboles à proposer aux médias un récit offrant une présentation valorisante et crédible du président et de son action. La communication est conçue comme le mode d'expression des dirigeants politiques, en réponse aux sondages. Gérard Colé évoque ainsi « le flux montant l'opinion publique, le flux descendant la communication[40] ».

Pour établir cette narration en forme de dialogue avec l'opinion, des études quantitatives sont confiées à Jean-Marc Lech, le coprésident d'Ipsos. Des études sociologiques approfondies, sur les styles de vie ou les courants socioculturels, sont également réalisées[41].

Pendant le double septennat mitterrandien, Matignon fait aussi preuve d'une attention marquée à l'égard de l'opinion publique. Le Premier ministre Michel Rocard, qui a été l'un des premiers hommes politiques français à utiliser les sondages et s'entourer d'experts des études d'opinion, va même jusqu'à théoriser cette pratique de gouvernement.

En septembre 1990 à Joué-lès-Tours, il prononce un discours dans lequel il formalise une nouvelle vision de l'action politique. Pour lui, le peuple « sait ce qu'il veut et surtout ce qu'il ne veut pas ». Par conséquent, les institutions « ne sont ni légitimes, ni fondées à vouloir autre chose que ce que veulent les Français ». Leur responsabilité consiste à « rechercher avant tout l'appui de l'opinion », en faisant « vivre un espace public de délibération ». La première pierre de la démocratie d'opinion vient officiellement d'être posée.

L'opinion publique devient un objet de plus en plus central de l'action gouvernementale. Lors de la deuxième cohabitation qui s'ouvre en mars 1993, le nouveau Premier ministre, Édouard Balladur, connaît une popularité très élevée et fait de ce lien fort avec la population une caractéristique de sa façon de gouverner. La « méthode Rocard » cherchait à construire un compromis avec l'opinion publique ; la « méthode Balladur » vise à préserver son appui.

Elle se traduit par la mise en œuvre d'un réformisme prudent, attentif aux moindres réactions de l'opinion. Chaque réforme contestée est ainsi ajournée. Malgré des oscillations et une érosion tendancielle, la cote de popularité d'Édouard Balladur se maintient à un niveau élevé pendant la majeure partie de son passage à Matignon. Mais cela se révèle insuffisant pour conquérir l'Élysée.

Le nouveau président, Jacques Chirac, ne fait pas une utilisation aussi systématique des sondages que son prédécesseur, même s'il travaille lui aussi avec Jacques

Pilhan et Jean-Marc Lech. Un baromètre conduit par Ipsos chaque mois mesure les perceptions de son action. Les études sont utilisées pour suivre et préparer les grandes décisions du septennat.

Leurs avertissements n'empêchent ni le mouvement social de l'automne 1995, ni l'échec de la dissolution de 1997. Pendant la cohabitation, l'opinion est au cœur des rivalités qui ravagent le sommet de l'État. Les sondages sont examinés minutieusement. À la présidence, le suivi de l'opinion est assuré par l'ancien député Frédéric de Saint-Sernin. À Matignon, plusieurs « check-up de la société française[42] » sont réalisés pour obtenir une vision en profondeur des perceptions et des attentes des Français.

Le quinquennat ouvre une nouvelle période. En accélérant le temps politique, il rend encore plus nécessaire l'écoute de l'opinion publique, qui est érigée en véritable principe de gouvernance à partir de l'arrivée au pouvoir de Nicolas Sarkozy. Pour avoir plus d'efficacité, la création à l'Élysée d'une direction de la communication, qui intégrerait le Service d'information du gouvernement (SIG, qui a succédé au SID en 1996), est envisagée. Mais ce rattachement est finalement écarté.

Toutefois, à la suite de l'affaire des sondages de l'Élysée, la présidence de la République doit lancer pour la première fois un appel d'offres pour la réalisation d'enquêtes « portant sur les attitudes et les perceptions à l'égard du président de la République ». Après 2012, François Hollande décide de ne pas reconduire ce marché. Par conséquent, seul Matignon commande et supervise la réalisation des études d'opinion de l'exécutif, via le Service d'information du gouvernement.

Rattaché au Premier ministre, le SIG dispose aujourd'hui d'un budget de plus de 12 millions d'euros et emploie 90 personnes. Parmi les grandes missions qu'il doit remplir, la première consiste à « analyser l'évolution de l'opinion publique et le contenu des médias[43] ». Le suivi et la compréhension de l'opinion à l'égard de l'action du gouvernement sont ainsi intimement liés à l'analyse du traitement médiatique qui en est fait.

Le département chargé de la veille et de l'analyse, qui se charge spécifiquement de ces tâches, commande ses propres études et assure le suivi des médias et des réseaux sociaux. Il produit des analyses à partir de résultats issus de ces différentes sources dans une logique d'hybridation des données.

Il exerce aussi une activité de veille portant sur tous les sondages publiés, y compris les intentions de vote : un contrat annuel conclu avec les différents instituts lui permet de recevoir « sous embargo », c'est-à-dire avant publication, tous les résultats diffusés dans les médias. Cet abonnement est une mesure de bonne gestion qui permet d'éviter la commande de sondages déjà existants. Le SIG remplit enfin une fonction de coordination interministérielle, afin de mutualiser les commandes de sondages. Chaque ministère doit solliciter son agrément pour tout projet d'étude.

In fine, il n'est pas excessif de qualifier l'institutionnalisation des sondages de véritable « *success story*[44] ». Dans ce cadre, un acteur joue un rôle clé : le conseiller en charge de l'opinion.

La figure du conseiller opinion

« Poste hautement stratégique. Sens politique aigu indispensable. Bonne connaissance des sondages d'opinion souhaitée. Habileté à annoncer les mauvaises nouvelles. Discrétion absolue exigée[45] » : voici comment *Libération* imaginait le descriptif du poste de conseiller du président chargé de l'opinion, au moment où l'Élysée cherchait à remplacer son « Monsieur sondages » en 2011.

Cette fonction a été confiée à des profils particuliers. La plupart des titulaires appartenaient déjà à l'équipe de campagne du candidat et suivaient les sondages. C'est le cas par exemple de Bernard Rideau (Valéry Giscard d'Estaing), Charles Salzmann (François Mitterrand) ou Frédéric de Saint-Sernin (Jacques Chirac). La fonction n'avait jamais été exercée par une personne ayant travaillé dans un institut de sondage, jusqu'à la nomination en 2019 à l'Élysée de Sylvain Guérin, un ancien de BVA.

À Matignon, deux universitaires ont conseillé le Premier ministre : Gérard Grunberg (Michel Rocard) et Hugues Portelli (Édouard Balladur). La personnalité la mieux préparée pour ce poste fut sans doute Gérard Le Gall, qui avait été le responsable des sondages au sein du Parti socialiste avant d'accompagner Lionel Jospin pendant la cohabitation.

Hormis cette exception notable, la fonction a souvent été confiée à des personnalités peu expérimentées en matière d'études d'opinion. Chloé Morin, conseillère opinion de Jean-Marc Ayrault puis de Manuel Valls à Matignon, observe que « cette expertise est souvent “juniorisée”, voire méprisée : j'en suis l'illustration parfaite, j'ai occupé cette fonction [...] alors que je débutais dans ce domaine[46]. »

Ce mince viatique n'est généralement pas rédhibitoire, car l'interprétation de l'opinion est souvent partagée avec d'autres conseillers plus éprouvés. À l'Élysée, sous le quinquennat de Nicolas Sarkozy, Julien Vaulpré doit composer avec plusieurs experts de l'opinion qui conseillent le président : Pierre Giacometti, ancien codirecteur général d'Ipsos France, et Patrick Buisson, qui a fondé la revue *Politique Opinion* en 1996. Une réunion consacrée à l'analyse de l'opinion, présidée par le chef de l'État, est organisée chaque semaine.

Concrètement, parmi les tâches assignées au conseiller opinion, la première consiste à effectuer une sélection parmi la multitude de sondages reçus. Il a la responsabilité d'identifier les informations tirées des études qui doivent parvenir au président, au Premier ministre ou au ministre qu'il conseille.

Ce choix n'est pas toujours réalisé de façon objective. La crainte de déplaire entre parfois en compte. Bernard Rideau reconnaît que lorsque le contenu du sondage « est positif, on rédige une courte note en forme de communiqué victorieux à l'intention du patron. S'il s'avère négatif, on attend : inutile de le troubler avec ces péripéties[47] ».

Ce comportement de précaution est rationnel dans la mesure où, comme tout membre d'un entourage politique, le conseiller peut connaître une disgrâce au gré de l'humeur du souverain. En 1985, Charles Salzmann a subi une mise à l'écart passagère d'une dizaine de mois, sans en connaître la cause[48].

Mais passer sous silence un fait d'opinion important par crainte des conséquences personnelles que cette révélation pourrait entraîner relève de la faute professionnelle. Le devoir du conseiller est de restituer objectivement, sans l'embellir ni l'assombrir, l'état de l'opinion.

Cette responsabilité va bien au-delà de la simple honnêteté intellectuelle. Il s'agit de refléter la diversité des points de vue pour que le chef de l'État puisse remplir pleinement sa fonction politique. À la question « pourquoi le président de la République a-t-il besoin des services d'un conseiller en charge de l'opinion publique ? », Gérard Colé apporte cette réponse : « Parce que sa mission implique qu'il soit le représentant de tous, alors que pour accéder à la fonction il fut seulement l'élu de quelques-uns[49]. »

À cet impératif de sélection scrupuleuse des données d'opinion s'ajoute un travail d'interprétation et de mise en perspective des résultats. Des synthèses, nourries par des éléments issus de plusieurs sondages émanant d'instituts différents, publiés ou confidentiels, mais aussi par des discussions avec les sondeurs, sont rédigées afin d'expliquer finement l'état de l'opinion. Bernard Rideau estime ainsi avoir écrit plus de mille notes au président entre 1975 et 1981, soit deux à trois par semaine.

Le rôle du conseiller opinion « dépasse le simple travail du météorologue, de l'enregistreur des pulsions collectives[50] ». Le conseiller conseille. En 1984, Charles Salzmann est allé jusqu'à recommander un changement de gouvernement au président, comme il le raconte lui-même : « Les sondages devenaient de plus en plus inquiétants, je décidai de prendre l'initiative et de lui dresser le tableau des avantages et des inconvénients liés aux différents choix possibles de Premiers ministres. Je lui fis une note en ce sens[51]. »

Pour le conseiller, le risque principal est bien sûr le prosélytisme. Il ne s'agit plus de retranscrire fidèlement l'état de l'opinion mais de promouvoir une cause politique. Tony Blair prenait avec distance les analyses que son conseiller Philip Gould tirait des réunions de groupes : « J'avais l'habitude de rire de la confluence extraordinaire entre ses propres pensées et ce que les [études qualitatives] semblaient dire[52]. »

L'exemple de la place prise par Pat Caddell auprès de Jimmy Carter est souvent présenté comme l'idéal-type de ce passage de la description des faits à la prescription des actions politiques. Laissant de côté toute forme de neutralité analytique, il exposait volontiers « sa version de l'opinion publique en exprimant ses propres idées et idéaux politiques au président[53] ».

Le monopole d'un prestataire favorise cette difficulté. Gérard le Gall se souvient avoir « vu ou entendu des expériences malheureuses où le Premier ministre était beaucoup trop sous l'emprise d'un sondeur ou d'un institut[54] ». Ces travers demeurent exceptionnels. Mais ils rappellent la nécessité pour le conseiller de trouver un juste équilibre entre l'analyse et le conseil.

Généralement bien entourés, les gouvernants disposent aujourd'hui d'un dispositif sophistiqué leur permettant d'écouter, de suivre et de comprendre l'opinion publique. Grâce à lui, ils peuvent surveiller « chaque vacillement et chaque contraction de l'opinion publique » à la manière « d'une équipe d'internes examinant un patient attaché à une table d'hôpital[55] ».

Qu'en font-ils ?

III

LES ÉTUDES D'OPINION RÉALISÉES PAR LES GOUVERNANTS

> La politique a été longtemps l'art d'empêcher les gens de se mêler de ce qui les regarde. Elle est devenue l'art de les interroger sur ce qu'ils ignorent[1].
>
> Paul VALÉRY

LES TYPES D'INFORMATIONS RECHERCHÉES

Schématiquement, les informations recherchées par les dirigeants politiques concernent soit l'état de l'opinion publique, soit la perception de leur action, de leur discours ou de leur image.

L'évaluation du sentiment général de la population figure parmi les premières données recueillies historiquement. Aux États-Unis, les domaines de préoccupation des citoyens ont été identifiés grâce à cette formulation : « Selon vous, quel est le problème le plus important auquel le pays est confronté aujourd'hui ? » Le suivi de cette question, dite MIP (*most important problem*), a été systématisé dès les années 1960 par Oliver Quayle pour Lyndon B. Johnson[2].

Parallèlement, les premiers sondages ont mesuré la perception de l'action du président et le soutien de ses électeurs. Qualifiés de « signes vitaux[3] », ces indicateurs permettent d'évaluer l'état de forme politique des élus. Initialement, il s'agissait de chiffres publiés par la presse, comme ceux de Gallup qui enregistrent les variations de l'approbation de l'action présidentielle (*job approval*) depuis 1937.

Malgré leur richesse, ces données se sont vite révélées insuffisantes. La liste des préoccupations a été complétée par la mesure du jugement porté sur les politiques publiques (*policy opinion*). L'analyse a aussi été précisée grâce à une question d'autopositionnement politique (*ideological identification*) : « Vous considérez-vous comme un progressiste ou un conservateur sur une échelle de 1 à 7 ? »

La mesure de l'image des gouvernants n'est apparue que dans les années 1960, quand l'aspect médiatique s'est imposé comme un élément stratégique du jeu politique. Puisque la façon dont le président était perçu devenait une ressource politique, il devenait nécessaire de suivre son évolution et d'être informé des effets qu'un événement, un propos ou une action pouvait avoir sur elle[4].

Richard Nixon est le premier à instaurer une mesure de ses traits d'image, hors période électorale. À partir de décembre 1969, le sentiment général des Américains à son égard est recueilli régulièrement. Quatre grandes dimensions sont investiguées : la compétence, la force, la chaleur humaine et la confiance. Ce qui dans son image relève des aspects personnels et relationnels (*interpersonal characteristics*) est distingué de ses capacités et de ses résultats (*performance-base traits*).

La préoccupation politique est évidemment présente : les sondages sont utilisés par les dirigeants politiques pour maintenir, mobiliser et même élargir leur base électorale, tout en représentant l'intérêt général. Soucieux de maintenir cet équilibre, Richard Nixon compare systématiquement les positions de ses sympathisants et celles de l'ensemble de la population.

Dans les années 1970, l'analyse des performances médiatiques est systématisée. Pour le compte de Gerald Ford, Robert Teeter inaugure la technique du *dial testing*[5], qui consiste à équiper un échantillon de personnes d'un boîtier disposant d'un curseur, que le répondant exposé à une intervention médiatique (discours, allocution, débat...) déplace en fonction de son intérêt, son accord et son appréciation des propos émis.

Les mesures enregistrées sont restituées sous forme de courbes, qui sont superposées au contenu audiovisuel étudié pour découper des séquences marquantes. La communication peut ainsi se délester des éléments les moins percutants. Importée en France par Denis Muzet, qui fonde l'institut Médiascopie en 1982, cette méthode est devenue centrale dans la formation des hommes politiques à la prise de parole médiatique (*media training*).

Quel que soit son objet, une étude d'opinion a toujours pour fonction d'apporter des éléments de compréhension. Et ces besoins d'information sont partagés par tous les types de structures politiques ou administratives, qu'elles soient locales, nationales ou supranationales. Depuis 1973, la Commission européenne a commandé plus d'un millier de sondages[6]. Son fleuron est l'Eurobaromètre, une enquête administrée dans chaque pays de l'Union européenne.

Une fois le besoin d'information défini, la commande d'une étude peut être émise. Les donneurs d'ordre sont généralement des exécutifs. Les organes législatifs commandent peu de sondages. Mais, depuis 2019, le Sénat dispose d'un accord-cadre[7] pour la réalisation d'études d'opinion (quantitatives et/ou qualitatives) ou l'exploitation des résultats de consultations sénatoriales.

Habituellement, le législateur considère les apports des études uniquement sous l'angle informatif. Les sondeurs sont ainsi régulièrement auditionnés pour synthétiser les études réalisées sur le sujet des travaux des parlementaires. Mais la valeur ajoutée apportée par les sondages au processus législatif demeure encore faible.

En France, plus qu'à la présidence de la République, c'est au cabinet du Premier ministre que l'opinion publique est le plus analysée : « Matignon est un lieu privilégié, il n'y a pas d'autre institution qui fournisse un accès aussi rapide et approfondi aux enquêtes[8]. » C'est là, et dans une moindre mesure au porte-parolat, que le suivi de l'opinion est le plus poussé.

Selon les besoins, la commande d'études provient du responsable politique lui-même, par le biais de son cabinet, ou de l'administration. Les sondages présentent une forte utilité pour les hauts fonctionnaires, qui « ont besoin d'instruments de pilotage, de garde-fous, et sont en quête d'arguments tangibles pour élaborer et justifier des choix qui engagent la société[9] ». En tant qu'outils scientifiques d'objectivation du terrain, ils éloignent le reproche de déconnexion avec le réel.

L'origine de la commande détermine le financement. En France, les études d'opinion politiques et/ou électorales ont longtemps été payées grâce aux fonds secrets, ces crédits dont l'exécutif pouvait user de façon discrétionnaire.

Le sondeur Jean-Marc Lech a décrit le fonctionnement de « ce système extrêmement malsain[10] », bien que totalement légal. À l'issue de la réalisation d'une étude politique, il révèle avoir été payé « en liquide selon un scénario qui allait se répéter maintes fois : j'allais à l'Élysée muni d'une serviette vide qu'on remplissait de billets[11] ». En 2001, une réforme des fonds spéciaux a mis un terme définitif à cet usage d'un autre âge. Le financement est désormais transparent.

L'utilisation de l'argent public implique que les études ne servent pas à des fins non gouvernementales ou électorales. Dans ce domaine aussi, des habitudes anciennes ont dû être corrigées. En 2011, la Cour des comptes a pointé « des prestations au contenu parfois discutable[12] », citant des études sur l'image personnelle des ministres et même « des questions étrangères à l'action ministérielle ». Ce rapport a mis fin à ces pratiques. De la même façon, le SIG ne réalise plus d'études concernant directement l'image ou l'action du président de la République.

Aujourd'hui, les commandes de sondages sont strictement régies par le code des marchés publics. Le Service d'information du gouvernement détient un marché concernant la réalisation d'études et d'analyse de l'opinion[13], dans lequel les prestations sont réparties en neuf lots, chacun étant attribué à un seul institut. Entre 2006 et 2010, le SIG a commandé une centaine d'études par an[14]. Au total, le montant des achats d'études d'opinion et de sondages du SIG et des ministères s'établissait à 6,4 millions d'euros en 2010[15].

Toutefois, le détail de ces prestations n'est pas rendu public. Dans ce domaine, le gouvernement canadien fait preuve d'une transparence remarquable, en publiant annuellement depuis 2002 un rapport complet, qui énumère le nombre et le type d'études conduites par les donneurs d'ordre publics, ainsi que la liste des instituts fournisseurs et le montant perçu par chacun. Un exemple à suivre.

Une palette d'outils variés

Omniprésent dans la phase de conquête du pouvoir, l'usage des sondages s'inscrit logiquement dans l'exercice des responsabilités. Il peut même précéder la prise de fonction. Pour préparer les premiers pas de l'administration Clinton, Stan Greenberg a réalisé des études pendant toute la période de transition qui sépare l'élection de l'investiture[16].

Toutefois, lorsqu'ils sont au pouvoir, les dirigeants politiques ne se montrent pas aussi attentifs à l'opinion qu'en période électorale. Sauf en période de crise, l'enjeu associé au suivi de l'opinion (préserver, renforcer son pouvoir) leur paraît moins lourd et moins immédiat que celui fixé par l'échéance prochaine du scrutin (accéder au pouvoir, le conserver).

Dès lors, la fréquence de réalisation des études n'atteint pas l'intensité observée lors des campagnes électorales, même si elle s'est resserrée sur la longue durée. Dans les années 1980, Richard Wirthlin réalisait « de gros sondages mensuels[17] ». De nos jours, le SIG conduit chaque semaine un sondage auprès des Français sur les questions d'actualité.

Notons que toute crise, quelle que soit sa nature (politique, sociale, économique, sanitaire...), amplifie le besoin de données réactualisées en permanence, ce qui accélère la production des études. Il faut comprendre les réactions de l'opinion aux événements. Lors du conflit social de 1995, Ipsos a ainsi réalisé un sondage par jour pour Matignon[18].

Qu'il s'agisse d'un besoin d'information imposé par les circonstances ou non, les dirigeants politiques disposent d'une palette d'outils variés pour recueillir le sentiment de l'opinion. En réponse à chaque demande est proposé un protocole méthodologique particulier, qui peut faire l'objet d'ajustements entre le commanditaire et l'institut sélectionné en fonction des contraintes de délais et de budget rencontrées.

En France, cette phase de conception est généralement prise en charge par les services administratifs, en lien avec les responsables politiques qui apportent leur validation. Les élus s'investissent parfois personnellement dans la préparation des études les plus stratégiques. Pour assouvir son « besoin de microgestion des sondages[19] », Bill Clinton regardait la rédaction de chaque question, discutait chaque item et apportait un soin méticuleux à la conception de l'étude.

Parmi les outils à disposition des politiques, on distingue habituellement les études quantitatives et qualitatives. Grâce aux sondages publiés par les médias, les premières sont les plus connues. Elles ont pour objectif d'établir une mesure des opinions au sein d'une population, afin d'évaluer leurs poids et de les hiérarchiser. Pour les dirigeants politiques, la connaissance de la répartition des points de vue est essentielle : « "Combien de gens partagent cette opinion" est la question qui intéresse prioritairement le pouvoir[20]. »

Ce type d'études permet aussi d'identifier et de quantifier les catégories qui soutiennent l'action du commanditaire, qui s'y opposent ou bien qui y sont indifférentes. Elles fournissent une partition de la population essentielle à toutes les actions de marketing politique et de communication ciblées.

Plus rarement, des études de fond à caractère sociologique sont réalisées. L'administration Nixon a cherché à comprendre les valeurs et les attentes de « la majorité silencieuse[21] ». Pendant le mandat de Jimmy Carter, Patrick Caddell produisait quatre fois par an un travail fouillé sur l'état de l'opinion, qui aboutissait à un rapport intitulé *Une analyse des attitudes politiques aux États-Unis*[22]. Pour le compte de Bill Clinton, Mark Penn a posé des questions détaillées sur les valeurs des Américains (*value index*)[23].

Ces études prennent généralement la forme de sondages et interrogent un échantillon de personnes représentatif de la cible investiguée. Le grand public et toutes les sous-catégories qui le composent peuvent être investigués (les jeunes, les employés, les ruraux, etc.). Les cibles professionnelles, exerçant dans un secteur d'activité précis (les agriculteurs par exemple) ou une fonction spécifique (les chefs d'entreprise, les DRH...), sont aussi étudiées.

L'étude de l'opinion ne se limite pas au périmètre national. Le ministère des Affaires étrangères américain

(*State department*) mesure les perceptions d'autres pays à l'égard des États-Unis et de sa politique étrangère.

Les études quantitatives sont aussi favorisées lorsqu'il s'agit d'exercer un suivi de l'opinion. C'est le rôle principal d'un baromètre qui consiste à reproduire un protocole méthodologique identique à échéances régulières. Les évolutions mesurées permettent de comprendre les réactions de l'opinion. Ces éléments donnent la possibilité en retour de conforter les actions politiques et médiatiques entreprises ou de les rectifier si l'effet induit est décevant ou négatif.

Outre les sondages, ces études incluent les consultations, qui visent à donner la parole à une population donnée sans aucune sélection des répondants : tous ceux qui veulent y participer peuvent le faire. De ce fait, les résultats recueillis ne peuvent pas être considérés comme représentatifs.

Plus qu'un outil d'information, la consultation s'inscrit dans une logique de communication politique. En donnant à chacun la possibilité de s'exprimer, elle constitue un acte démocratique fort. Comme en matière électorale, le taux de participation est un indicateur de la réussite de l'opération.

Portée par la mise en œuvre des pratiques participatives, on observe depuis plusieurs années une montée en puissance du recours aux consultations. Souvent réalisées au niveau local, elles peuvent concerner un projet d'infrastructure ou d'équipement public (autoroute, ligne de TGV...) mais aussi traiter de sujets plus généraux.

Elles sont souvent utilisées pour dénouer des crises. En 1994, après le conflit autour du contrat d'insertion professionnelle (CIP), le gouvernement a lancé une consultation auprès des jeunes âgés de 15 à 25 ans : 24 millions de questionnaires furent envoyés par voie postale. En 2019, une vaste consultation nationale figurait dans le Grand débat national, qui cherchait à conclure le mouvement des Gilets jaunes.

À côté des études quantitatives, les études qualitatives sont apparues au milieu des années 1970, sous la forme des réunions de groupe (*focus groups*). Leur aspect stratégique et confidentiel a créé une nébuleuse de mystères et de fantasmes autour d'eux. Pour Philip Gould, le sondeur de Tony Blair qui en a réalisé des centaines, « la mystique les entourant est ridicule : il s'agit simplement de huit personnes qui parlent dans une pièce[24] ».

De profil homogène, les participants d'une réunion de groupe s'écoutent et échangent dans le cadre d'une discussion conduite par un animateur, qui est garant de l'expression libre de chacun. Les thèmes à aborder sont précisément définis en amont et introduits dans les débats de la façon la plus neutre possible.

Le rôle de l'animateur est déterminant pour assurer un dialogue respectueux. Au-delà d'une attitude impartiale et bienveillante, il a recours à différents moyens pour stimuler la discussion. Il pose des séries de questions très ouvertes sur les différents points à investiguer, ce qui laisse la possibilité de formuler des réponses personnelles.

Il peut aussi utiliser des techniques projectives, comme l'association d'idées qui recense spontanément tous les mots, les images et les impressions liés au sujet traité. Autre exemple, l'exercice du scénario idéal vise à décrire ce que serait une situation parfaite dans quelques années et à imaginer les moyens qui l'auraient instaurée. L'alternance entre un questionnement classique et une interrogation plus créative cherche à comprendre les liens entre la réalité et l'imaginaire.

La durée de la réunion de groupe, qui s'étend généralement sur deux à trois heures, donne la possibilité de couvrir de façon beaucoup plus détaillée qu'une étude quantitative les différents aspects de la thématique à traiter. Surtout, elle favorise l'instauration d'un climat de confiance propice à l'expression. Les postures sociales peuvent être dépassées pour atteindre des éléments émotionnels, voire inconscients. Des propos spontanés, plus sincères, sont ainsi recueillis.

Les réunions de groupe peuvent avoir lieu en visioconférence ou par écrit, sous la forme de blogs. Le format classique a lieu en face à face. Une pièce située derrière une glace sans tain ou avec un retour vidéo permet aux commanditaires, s'ils le souhaitent, d'assister en toute confidentialité au déroulement des échanges. Les participants sont évidemment informés qu'ils sont regardés, mais ignorent l'identité des observateurs.

Roland Cayrol se remémore l'attitude de Michel Rocard à l'issue d'une réunion de groupe à laquelle il avait assisté : « Je voyais qu'il était groggy, vraiment groggy. Et il m'a dit et répété : "C'est quand même dur tout ce que je viens de supporter. C'est incroyable ! Qu'est-ce qu'on se prend ! Je ne pensais pas une seconde qu'on était vus comme ça, à ce point."[25] » Cruel anneau de Gygès !

Ces propos sont restitués sous forme de verbatim dans le rapport d'analyse remis au commanditaire, qui dispose ainsi d'un accès direct à la parole des citoyens et à la réalité de leur vécu. Cette lecture peut parfois susciter un choc d'incompréhension. Dans ses mémoires, Tony Blair avoue un désir caché : « J'ai toujours voulu assister à un [*focus group*] secrètement et puis surgir à la fin et confronter [les participants] à toutes les calomnies vicieuses qu'ils venaient de proférer contre moi[26] ! »

Les méthodologies qualitatives englobent d'autres outils. Les entretiens individuels donnent la possibilité de retracer l'itinéraire d'un individu et de comprendre les motivations de ses choix. Adapté à l'interrogation des leaders d'opinion, ce mode de recueil crée une relation rassurante pour l'interviewé, renforcée par la garantie d'anonymat, qui favorise une parole authentique.

Tous ces outils qualitatifs permettent d'investiguer les représentations d'un sujet particulier, d'une thématique de fond ou d'un fait d'actualité. Cette exploration doit aboutir à la compréhension de tous les éléments structurant les jugements, en mettant au jour les valeurs des participants, leurs attentes, leurs espoirs et leurs craintes. Elle explique en détail les logiques comportementales.

Elle ne consiste pas simplement à établir une cartographie détaillée des mentalités. Elle a aussi une vocation opérationnelle, en identifiant les leviers qui doivent être activés et les freins qui nécessitent d'être levés pour faire évoluer les perceptions.

Les études qualitatives se montrent ainsi très utiles pour apporter des éléments concrets en matière de communication. Dans ce domaine, elles permettent de concevoir des stratégies, en évaluant leur compréhension, leur pertinence et leur efficacité. Un travail précis sur les idées peut être effectué, notamment en testant des arguments afin de sélectionner les plus pertinents.

L'analyse de l'image d'une personnalité politique peut être effectuée dans l'absolu et en comparaison avec les autres acteurs de son champ concurrentiel. L'étude porte habituellement sur les qualités projetées et les traits de caractère perçus. Pour les élus, il s'agit de répondre à la question centrale : la fonction est-elle bien incarnée ? De leur côté, les opposants veulent savoir s'ils représentent une alternative crédible au pouvoir.

L'utilisation de supports visuels (photos, affiches...) est quasi systématique. La diffusion de vidéos muettes permet de saisir le langage corporel. Une deuxième diffusion avec le son mesure ensuite la correspondance entre la gestuelle et le propos. Comment le fond (pertinence du message, qualité des arguments, compréhension du propos...) et la forme (voix, élocution, vocabulaire, apparence physique et vestimentaire, posture...) du discours sont-ils perçus ? Se complètent-ils harmonieusement ?

Le recours à des exercices projectifs permet ici de contourner la rationalisation. Le portrait chinois est régulièrement utilisé : un homme politique associé à un grand fauve ou comparé à un chaton ne bénéficie pas de la même stature dans l'opinion. Le jeu de la famille, qui demande de positionner les responsables politiques comme s'ils entretenaient des liens de parenté, est très révélateur de la perception de leurs interactions. Le patriarche respecté n'entretient pas les mêmes relations avec son héritier présomptif et son fils rebelle.

Les outils qualitatifs permettent de tester différentes pistes d'une réforme envisagée ou d'une communication avant son lancement. Différents scénarios peuvent être soumis au jugement des citoyens, en étudiant les avantages et les inconvénients de chacun.

L'avantage de cette approche expérimentale réside évidemment dans l'optimisation des projets, le but ultime étant de maximiser leur acceptabilité et donc leur viabilité. Les études qualitatives agissent comme des « essais pilote » (*disaster checks*[27]) : elles permettent d'éviter le crash des politiques publiques qui ont été élaborées.

Elles présentent ainsi des bénéfices multiples pour les dirigeants politiques. Mais, s'ils sont significatifs, leurs enseignements ne sont pas représentatifs au sens statistique. Pour pallier cette lacune, les approches quantitatives sont fréquemment couplées avec des études qualitatives. La complémentarité de ces méthodologies est forte : les premières décrivent la réalité, les secondes permettent de la comprendre.

À côté de ces approches traditionnelles, l'écoute sociale (*social listening*) consiste à réaliser une veille des propos publics tenus sur Internet et les différents réseaux sociaux. Les données issues de cette observation se combinent avec celles provenant de l'interrogation, dans une logique d'hybridation.

Enfin, signalons qu'au-delà de celles qu'ils commandent eux-mêmes, les dirigeants politiques reçoivent des études d'opinion émanant de plusieurs sources : d'autres élus ou institutions, des partis politiques, les médias, les organisations sociales et professionnelles, les associations, etc.

Interpréter les résultats

La détention des informations contenues dans une étude d'opinion constitue une ressource politique déterminante. La possession en exclusivité ou en primeur de ces renseignements politiques (*political intelligence*[28]) accorde un avantage concurrentiel net. Les sondages contribuent ainsi à déséquilibrer le jeu politique au profit de celui qui prend connaissance de leurs résultats.

Cet atout stratégique incite les dirigeants à protéger les données et à en limiter la diffusion. La liste des personnes autorisées à lire les rapports est soigneusement établie. À la Maison-Blanche, outre le président, le principal destinataire des résultats – et parfois le seul – est toujours son plus proche collaborateur, c'est-à-dire son chef de cabinet, qui organise et contrôle la diffusion des sondages. Il peut s'agir plus rarement d'un conseiller politique, bénéficiant d'une confiance absolue.

Selon les administrations et les sujets, les résultats peuvent être limités à un très petit cercle ou plus largement diffusés. Les principaux destinataires sont alors les conseillers en charge de la politique intérieure, de l'agenda du président et de sa communication, notamment les rédacteurs des discours[29].

Il arrive plus rarement que le président lui-même soit volontairement maintenu dans l'ignorance des données. Le sondeur Jean-Marc Lech affirme que les prévisions d'Ipsos concernant la dissolution de 1997 n'ont pas été transmises à Jacques Chirac : le secrétaire général de l'Élysée[30] Dominique de Villepin aurait sciemment mis de côté des chiffres alarmistes contredisant la décision pour laquelle il plaidait ardemment.

Les motivations de cette rétention d'information ne sont pas uniquement d'ordre politique. Il peut s'agir de ménager l'état psychologique d'un président en plein désarroi. Dans son journal (2 avril 1970), H. R. Haldeman reconnaît ne pas avoir parlé à Richard Nixon d'un sondage Gallup indiquant une baisse importante de sa popularité pour ne pas l'affoler.

Quand elle a bien lieu, la transmission de l'information ne se limite pas à la simple diffusion des documents produits par l'institut. Les résultats sont toujours accompagnés d'une note de synthèse rédigée par les services techniques ou les membres du cabinet.

Ce texte doit tirer les principaux enseignements de l'étude. Quand la description cherche à se substituer à l'interprétation, la sanction est immédiate. En marge d'un mémo, H. R. Haldeman fait cette remontrance à l'auteur : « Inutile – je peux lire les statistiques moi-même – ce qu'il nous faut, c'est analyser, pas mettre en évidence[31]. »

Pour interpréter les résultats, Ronald Reagan privilégie les échanges oraux lors de réunions où sont projetés des graphiques simples. À l'inverse, Bill Clinton aime à se plonger dans le détail des chiffres, qu'il aborde en véritable consultant, au cours de séances de travail souvent collaboratives.

Du temps est consacré à l'analyse des résultats : l'utilisation de cette ressource rare pour les gouvernants traduit la dimension stratégique de ce travail. Le 12 janvier 1970, H. R. Haldeman note que Richard Nixon « passa la majeure partie des séances de l'après-midi à revoir et à revenir sur le nouveau sondage […]. A été fasciné par les résultats et a pris beaucoup de notes sur l'analyse[32] ». Ces échanges sur l'état de l'opinion sont fréquents : ils ont lieu au moins une fois par semaine.

Les chiffres irriguent les réflexions des gouvernants et sont régulièrement consultés. Le Président Nixon les faisait compiler dans un classeur de sondages (*polling book*). Cet outil de travail indispensable devait être systématiquement à sa disposition, en particulier lors de ses voyages à bord d'*Air Force One*[33].

Ce travail d'interprétation indispensable est soumis à de nombreux risques. Le premier piège consiste à accorder davantage de crédit aux informations qui corroborent sa perception du monde, tout en minimisant celles qui la contredisent. Un ministre britannique a résumé avec facétie ce biais de confirmation : « Je suis complètement convaincu des résultats des sondages Gallup lorsqu'ils confirment ma propre impression de ce que pense le public[34] ! »

L'exemple de la dissolution de 1997 illustre parfaitement cette « attention sélective » (*selective attention*[35]). Pour préparer cette décision, l'Élysée commande secrètement à CSA une étude qualitative[36]. Les résultats sont limpides : les Français ne comprendraient pas une éventuelle dissolution. Une nouvelle étude qualitative est toutefois demandée. Elle ne porte que sur l'électorat de droite. Mais les conclusions sont identiques.

Pourtant, une dernière étude est encore commandée, afin de tester différents arguments de communication. À l'issue de la présentation des résultats, Jacques Chirac s'adresse au sondeur qui vient d'exposer tous les éléments contrecarrant le projet présidentiel : « Merci pour votre travail, très éclairant. Nous mesurons bien les obstacles, mais la politique, c'est une prise de risque. Nous allons faire cette dissolution en prenant en compte les difficultés que vous énoncez[37]. »

En parallèle, le président disposait d'un sondage confidentiel qui donnait 80 à 100 sièges d'avance à la droite[38]. Ainsi, dans la prise de décision présidentielle, les anticipations quantitatives laissant entrevoir la possibilité d'une victoire électorale et confortant les espoirs de succès de ce coup de poker ont pesé davantage que les alertes qualitatives.

Un autre défaut d'interprétation répandu consiste à accorder une confiance excessive aux chiffres et à surestimer la stabilité ou la capacité d'évolution de l'opinion. A posteriori, Alain Juppé reconnaît qu'en 1995, sa « première erreur est d'avoir trop cru les enquêtes d'opinion[39] » et d'avoir conclu hâtivement que le soutien à la réforme qu'il proposait était définitivement acquis.

L'appropriation des résultats des études d'opinion doit ainsi savoir éviter des chausse-trappes nombreuses. Pour comprendre l'opinion, la solution pour les dirigeants politiques consiste certainement à multiplier les sources et à « associer la lecture d'un sondage à leur expérience de terrain, leur réflexion ou leur intuition[40] ».

Une fois les données analysées, les responsables politiques disposent d'un panorama de l'opinion à un instant précis. Les chiffres restent toutefois relativement muets sur son potentiel de transformation. La « viscosité[41] » de l'opinion, c'est-à-dire sa capacité à changer rapidement en réaction aux idées et aux événements, reste mal appréhendée. Tony Blair déplorait que les sondages « ne mesurent pas le degré auquel les gens sont ouverts à la persuasion[42] ».

Ce regret souligne les attentes des gouvernants, qui attendent de l'opinion une réaction rapide, positive ou négative, à leur discours et annonces. Impatients d'obtenir une réponse, ils attribuent à l'opinion une réactivité qui mésestime le temps nécessaire pour qu'elle arrête une position.

De la même façon, les sondages fournissent une cartographie précise de l'opinion, qui montre le territoire politique et social. Mais ils n'indiquent pas comment se rendre d'un point à un autre. Ils ne dictent pas un programme d'action détaillé.

L'état de l'opinion est parfaitement connu des responsables politiques. Le décalage entre les attentes de l'opinion et les réponses politiques qui lui sont apportées n'est donc pas lié à un déficit d'information. Pour en trouver la cause, il faut analyser la façon dont les données d'opinion sont intégrées dans le processus de décision et dans l'action politique, qui pendant longtemps a constitué « un élément invisible dans le leadership politique[43] ». Levons ce voile.

IV

LES SONDAGES, UN INSTRUMENT D'EXERCICE DU POUVOIR

> Rivière avait écouté, avec ennui, parler de bilans, d'assurances, et surtout d'opinion publique : « L'opinion publique…, ripostait-il, on la gouverne[1] ! »
>
> Antoine de SAINT-EXUPÉRY

UNE PRATIQUE INAVOUABLE

L'opinion publique est « l'interlocuteur obligé et énigmatique auquel on pense dès qu'on agit sur la scène politique[2] ». À ce titre, les sondages produisent sur les acteurs politiques un « étrange mélange de fascination (discrète) et de méfiance (affichée)[3] ». Fascination pour une technologie souple qui offre des avantages multiples. Méfiance face à un instrument qui peut les concurrencer, les contredire et se retourner contre eux.

Cette dualité se retrouve dans le décalage entre les discours et les actes. L'usage des études d'opinion dans le cadre de l'exercice de responsabilités publiques est une pratique établie depuis plus d'un demi-siècle en France.

Pourtant, pour les dirigeants politiques, il s'agit d'une activité difficilement admissible, car elle peut accréditer une image en contradiction avec celle qui, pensent-ils, est attendue d'eux.

Elle peut laisser à penser qu'ils méconnaissent les citoyens, alors même qu'ils doivent les représenter. Elle peut inciter à croire qu'ils sont dépourvus de tout projet et s'en remettent à l'opinion, alors même qu'ils doivent diriger le pays. Elle peut enfin donner le sentiment qu'ils se livrent aux bassesses de la démagogie, alors même qu'ils doivent exercer le pouvoir avec la plus grande rectitude.

Pour se prémunir contre ce risque d'image, les gouvernants ont pris soin de dissimuler leur usage des études d'opinion. La stricte confidentialité garantie par les instituts leur permet cette duplicité. Les prestations commandées peuvent rester secrètes et les résultats n'ont pas à être dévoilés. Les sondages sont ainsi « le périscope des états d'âme des masses[4] » : ils permettent aux dirigeants politiques de voir l'opinion sans être vus.

Parallèlement, les responsables politiques ont développé et diffusé un discours critique vis-à-vis de l'utilisation des études d'opinion dans le cadre de l'exercice du pouvoir. Les exemples de propos publics affectant de dédaigner les sondages sont innombrables.

Aux États-Unis, les présidents républicains s'y adonnent davantage que leurs homologues démocrates. Avec constance, George W. Bush a affiché sa volonté de ne pas utiliser les techniques de connaissance de l'opinion pour gouverner. En mars 2001, il déclarait : « Nous avons établi un ensemble de principes et nous les respectons… Nous n'utilisons pas de sondages et de réunions de groupe pour savoir où aller[5]. » Ou encore : « Je me fiche vraiment de ce que disent les sondages et les réunions de groupe. Ce qui m'importe, c'est de faire ce que je pense être juste[6]. »

Le personnel politique français abonde dans le même sens. En voici les miscellanées. Michel Debré : « Il n'est pas excellent pour un gouvernement de trop fixer son attention en regardant les sondages » (*Le Monde*, 28 juin 1971). Valéry Giscard d'Estaing : « Je ne gouverne pas la France pour améliorer les sondages » (*Le Monde*, 24 avril 1976). Nicolas Sarkozy : « Si on gouvernait la France avec les sondages, on ne gouvernerait rien du tout ! » (*Le Monde*, 30 mars 2016).

Cette attitude qui prétend ignorer l'opinion, en refusant de lire les sondages ou d'en tenir compte, est paradoxale : les élus cherchent tous à se présenter comme étant à l'écoute du peuple, mais refusent d'accorder publiquement de la valeur aux études d'opinion. C'est aussi une posture de communication, dont Tony Blair révèle toute l'hypocrisie : « Tous les dirigeants vous diront qu'ils ne leur prêtent pas attention, mais tous les dirigeants le font[7]. »

Cet intérêt pour les études d'opinion prend inévitablement un aspect psychologique. La charge de travail écrasante et l'investissement personnel considérable exigé par les plus hautes fonctions de l'État rendent plus sensible aux jugements portés sur le travail accompli. Lorsque les chiffres sont laudateurs, qu'ils annoncent une hausse de popularité ou un accord avec les positions prises, le politique concerné est porté à s'en réjouir. Qui ne verrait pas un satisfecit dans des chiffres flatteurs ?

Bill Clinton lisait les résultats positifs comme une approbation de son action, qu'il prenait comme un encouragement. L'adhésion de l'opinion publique est ressentie comme une validation de la justesse de la politique menée. Jean-Pierre Raffarin estime que « le sondage, c'est un peu le carnet de notes du Premier ministre[8] ». L'élève qui reçoit les félicitations se trouve rasséréné.

Inversement, celui qui est pénalisé peut éprouver de l'incompréhension face à une punition injuste. Les sondages négatifs sont reçus comme une sanction, qui contraint à une remise en question personnelle. Ils poussaient ainsi Bill Clinton à « un processus d'apprentissage dans lequel la douleur du rejet de sa propre image oblige à une profonde introspection[9] ».

Causes de troubles, les sondages sont aussi un remède consommé en abondance. Grand commis de l'État, Patrick Stefanini note que les sondages sont « sans doute aux responsables politiques ce que le Tranxène est aux grands angoissés[10] ! » Ce puissant narcotique vient apaiser la peur fondamentale de perdre le pouvoir.

Lorsqu'il est favorable, le sondage est interprété comme le signe d'une adhésion de la population, qui permet de poursuivre le travail entamé. En 1973, après avoir lu un chiffre positif malgré le scandale du Watergate, Richard Nixon voit son pouvoir conforté. Face à Henry Kissinger, il exulte : « Bon sang, je resterai ici jusqu'au dernier sondage Gallup… Bon Dieu[11]. » L'euphorie de la réaction est à la mesure du soulagement ressenti.

L'expérience du pouvoir vient contenir ces élans d'enthousiasme et ces accès de désespoir. L'apprentissage de la consultation des chiffres permet de nuancer leur signification et leur portée, sans toutefois donner lieu à une indifférence complète. Tony Blair indique : « Avec le temps, je suis devenu moins préoccupé par les sondages (ce qui a peut-être coïncidé avec le fait qu'ils sont devenus moins amicaux !), mais j'y jetais toujours un regard nerveux[12]. »

Les états d'âme des gouvernants liés à la lecture des chiffres n'ont pas à être rendus publics. Mais le décalage entre le discours des responsables politiques sur les sondages et leur usage effectif n'est plus justifié. Pourquoi les gouvernants continuent-ils à prétendre, contre toute évidence, ne pas les lire, ni les utiliser ? Ne serait-il pas temps de faire évoluer le propos ? Un argument puissant pourrait être mobilisé : les sondages optimisent l'art de gouverner.

Rationaliser la façon de gouverner

Pour tout responsable politique, il importe de disposer d'éléments précis sur l'état de l'opinion publique, qui constituent « la matière première de la politique[13] », selon l'expression utilisée par le magazine *Fortune* pour présenter le premier sondage moderne publié en 1935. Ces informations précèdent et nourrissent leur action : il faut connaître la réalité pour pouvoir la transformer.

L'opinion publique est capable d'évoluer, en raison d'une de ses caractéristiques majeures : sa latence. Selon le sociologue V. O. Key[14], une opinion latente existe de manière virtuelle, sans s'exprimer véritablement. Elle pourrait cependant se manifester, si les éléments qui l'entravent venaient à disparaître. Voilà une potentialité qui peut être utilisée par les dirigeants politiques.

La compréhension de l'opinion publique et de ses ressorts s'impose comme une nécessité pour les responsables politiques : pour mettre en mouvement la population et assurer son consentement ou sa simple neutralité vis-à-vis de la politique conduite, il leur faut être attentifs à son état d'esprit.

Comprendre l'opinion publique pour faire évoluer (ou conforter) les représentations et, par voie de conséquence, changer (ou stabiliser) les comportements : tel est l'enjeu pour les gouvernants.

Le développement historique de l'attention portée par les dirigeants à l'opinion correspond à une volonté de mieux gouverner en disposant d'une meilleure connaissance de la population. L'étymologie de la statistique permet de bien saisir cette dimension politique. Le terme *staatistik* a été inventé par Gottfried Achenwall, à partir du mot italien *statista* qui désigne un « homme d'État ».

La préoccupation statistique cherche à perfectionner l'action gouvernementale. En découvrant les règles objectives qui régissent les sociétés et en mesurant les caractéristiques des populations, les gouvernants vont avoir la capacité de conduire une action politique plus efficace. Les sondages correspondent pleinement à cette vision scientifique, rigoureuse et professionnelle de l'art de gouverner.

En tant que technique, ils ont participé à la construction de l'État moderne et s'inscrivent dans la tendance longue de la rationalisation du gouvernement, décrite par Max Weber. Cette professionnalisation de la politique s'est traduite par la montée en puissance de la technocratie, dont les sondages sont une composante. Leur fonction prend la forme concrète d'une aide fournie aux gouvernants.

Puisque le verbe *gouverner* provient du latin *gubernare* (diriger une embarcation en tenant un gouvernail), les apports des sondages ont été logiquement présentés au moyen de métaphores les comparant à des instruments de navigation. L'image de la boussole a été abondamment utilisée : les sondages indiquent la direction et facilitent l'orientation de ceux qui gouvernent.

Autre comparaison régulièrement employée par le sondeur Roland Cayrol en direction des politiques : « "Vous ne conduiriez pas votre voiture sans tableau de bord". En l'occurrence, pour l'opinion, ce sont les sondages. Le tableau de bord donne à voir les données à partir desquelles conduire[15]. » Par rapport à la boussole qui ne délivre qu'une seule information, le tableau de bord donne accès à une multitude de données.

La diversité de ces indicateurs produit une impression de précision, à même de faciliter un pilotage fin de l'action politique. Elle justifie également le rôle des sondeurs. Un copilote paraît nécessaire pour interpréter la signification des témoins de signalisation, d'alerte et d'alarme. Face à la masse de chiffres issus des sondages, il faut un guide qui sache hiérarchiser l'information et en extraire ce qui est opérationnel.

Surtout, cette assistance à la conduite est présentée comme une sécurité indispensable. S'en passer, c'est risquer l'accident : « Celui qui gouverne sans auscultation permanente de son opinion publique s'écarte largement de l'axe idéal. Ce qui l'oblige, trop souvent et trop tard, à donner de grands coups de volant ou de frein pour éviter de quitter sa route[16]. » Les sondages aident à tenir une ligne de conduite, afin d'avancer en toute prudence dans la direction souhaitée.

Outil de pilotage de l'action, les études d'opinion sont utilisées comme des instruments de connaissance de l'avenir. Attribuée à Adolphe Thiers, la formule « gouverner, c'est prévoir » est réversible : prévoir, c'est gouverner. Le besoin d'anticiper les réactions de l'opinion conduit naturellement les dirigeants à se tourner vers les sondages, qui sont vus comme les outils privilégiés de la futurologie.

Pendant les campagnes électorales, les sondages d'intentions de vote portent, presque malgré eux, la promesse du dévoilement anticipé du vainqueur de l'élection. Quand leurs prévisions sont correctes, ce qui est fréquent, ils se trouvent parés d'une vertu presque magique, qui rejaillit sur les études d'opinion au sens large : le don de prévoyance.

Pourtant, cette conception méconnaît la nature de ces outils qui illuminent parfaitement le passé, éclairent faiblement le présent et ne jettent vers le futur qu'une lueur pâle et vacillante. Les gouvernants négligent souvent ces objections techniques, parce qu'ils se satisfont d'instruments qu'ils savent imparfaits mais qui comblent partiellement leurs attentes.

Les sondages présentent pour eux un avantage considérable : à la différence des signes oblatifs, reçus de manière fortuite, ils constituent des signes impétratifs, demandés et obtenus[17]. Malgré son caractère savant, cette distinction n'est pas spécieuse. Pour agir, les gouvernants doivent disposer des réponses aux questions qu'ils se posent : c'est le rôle même des sondages.

Ce questionnement sur l'avenir vise en priorité à connaître les réactions de la population à d'éventuels projets, avant qu'ils soient lancés. Les gouvernants ont toujours attaché du prix à ces informations. Avant les sondages, ils utilisaient la technique du ballon d'essai. Par exemple, en 1745, pour évaluer l'acceptation d'une éventuelle hausse de la fiscalité, le contrôleur général des finances Philibert Orry a observé les réactions suscitées par la rumeur d'un nouvel impôt, qu'il avait lui-même lancée[18].

Les études d'opinion ont apporté à ce souhait ardent de prétester l'opinion publique une réponse rapide et précise. Elles fournissent des indications précieuses sur la façon dont l'environnement politique et social pourrait évoluer, ce qui permet ainsi d'améliorer l'action gouvernementale.

Cette optimisation de l'exercice du pouvoir concerne d'abord l'information dont disposent les dirigeants politiques. Les sondages permettent de clarifier les perceptions de l'opinion publique. Ils corrigent les fausses représentations qui avaient cours sur le « marché concurrentiel d'énonciation de l'opinion[19] ».

Auparavant, chaque acteur politique pouvait se présenter comme le confesseur privilégié de l'opinion, ce qui générait des conflits insolubles pour identifier la vérité. La représentativité scientifique des sondages, qui leur confère une valeur incontestable, a mis un point final à ces discours contradictoires.

En diffusant une information plus complète et plus objective que celle fournie par les autres modes d'expression de l'opinion publique, les sondages représentent une aide à la prise de décision. Même si l'utilisation des données d'opinion ne garantit pas des choix judicieux, elle permet de rationaliser le processus décisionnel en fournissant des éléments utiles.

Les sondages donnent aussi la possibilité de pouvoir décider avec plus de célérité et à faible coût. Dès la fin des années 1960, Richard Nixon utilise des études réalisées rapidement par téléphone, et non plus en face à face, afin d'obtenir une réponse immédiate à ses interrogations. La mise en place d'études express est désormais une exigence forte des responsables politiques.

La prise en compte de l'opinion publique dans l'exercice du pouvoir dépend des méthodes de travail de chaque gouvernant. Sous la présidence de Ronald Reagan, les sondages sont inclus quotidiennement dans le processus de prise de décision. D'autres dirigeants les intègrent de façon ponctuelle, en fonction des sujets ou des urgences.

Dans tous les cas, les sondages limitent les risques liés à des décisions solitaires ou prises en comité restreint. Ils agissent comme une précaution face à l'isolement qui frappe nécessairement les détenteurs du pouvoir. Les gouvernants les utilisent pour ne pas devenir une « élite isolée » (*insulated elite*[20]), coupée des citoyens et de leurs préoccupations.

Les études d'opinion permettent enfin d'inclure la voix du peuple dans les choix politiques qui sont effectués en son nom et qui vont s'appliquer à lui. Elles jouent un rôle clé et concret dans la conception et l'application des politiques publiques.

Une aide à la conception et à l'application des politiques publiques

De prime abord, il peut sembler incongru pour un élu de consulter l'opinion publique sur le contenu des politiques publiques à mener. N'est-il pas de sa responsabilité de savoir que faire ? Un projet politique n'a-t-il pas été présenté pendant la campagne électorale et choisi par les électeurs ? Ne suffit-il pas de l'appliquer ?

Dans les faits, les programmes électoraux ne sont pas détaillés dans tous les domaines de l'action politique. Le flou est même parfois volontairement entretenu sur certains aspects. Ensuite, une victoire électorale n'est pas nécessairement un mandat, clair et précis, confié à un élu. Certaines élections se font par défaut. Les sondages permettent de savoir précisément ce que veut l'opinion pour traduire ses souhaits en politiques publiques.

Ils donnent aussi la possibilité d'actualiser les préférences des citoyens. Le contexte qui prévalait lors de l'élection évolue. Les choix politiques émis alors peuvent se trouver aujourd'hui obsolètes, impraticables ou même dangereux. Par conséquent, il est nécessaire pour les dirigeants politiques de mesurer régulièrement l'opinion pour proposer des politiques qui, au-delà de l'application à la lettre d'un programme, restent en phase avec ses attentes.

À cette nécessité s'ajoute la promesse portée par les sondages de rendre viables et optimales les mesures prises. Toutes les étapes de la vie des politiques publiques, depuis leur élaboration jusqu'au suivi de leur application, sont ainsi guidées par les études d'opinion, qui remplissent quatre grandes fonctions instrumentales pour les responsables politiques[21] : observer, élaborer, communiquer et évaluer.

Elles constituent d'abord une technologie d'observation de la réalité destinée à obtenir des informations exploitables. Dans une optique préparatoire, elles sont utilisées pour rechercher des faits (*factfinding surveys*) et objectiver une situation sociale, afin de savoir s'il existe un besoin qui justifierait la mise en œuvre d'une action de la part de la puissance publique. Cet état des lieux de l'opinion sert de base à la construction d'une politique publique.

Dans cette phase de conception, les sondages comparent différentes versions des mesures envisagées, en attirant l'attention sur les conséquences et les risques associés à chaque piste. Les résultats permettent de choisir entre les options testées.

Une fois la politique publique élaborée, les études relèvent en détail le niveau de connaissance et de compréhension par les citoyens de la réforme envisagée. Ce diagnostic se prolonge par un travail d'élaboration concrète de la stratégie de communication la plus efficace pour susciter l'adhésion de la population.

Les arguments à mobiliser, les idées à utiliser, les mots et les slogans à employer, le ton que doit prendre la communication pour présenter au mieux la politique publique et lever les éventuelles résistances sont listés. Les réactions aux contre-arguments sont recueillies pour apprécier leur pouvoir de persuasion et pointer les faiblesses à exploiter.

Le but ultime consiste toujours à rendre le message plus convaincant. Tous les éléments favorisant la compréhension, l'acceptation et la légitimité d'une politique publique sont identifiés dans le but d'optimiser l'efficacité de la stratégie de communication entourant son lancement.

Pour favoriser l'adoption des politiques publiques, les champs d'études récents s'appuient sur les sciences comportementales, qui ont montré la possibilité de transformer les choix des individus pour qu'ils abandonnent des comportements néfastes et/ou en adoptent d'autres pour le plus grand bénéfice de la société. Des suggestions non contraignantes, qui s'apparentent à un simple « coup de pouce » (*nudge*), permettent de les inciter à effectuer ces changements.

Les domaines d'application pour la puissance publique sont multiples. Il peut s'agir d'optimiser les effets des campagnes de communication, de favoriser le développement du civisme, d'inciter à l'adoption des pratiques écologiques… Toutes les campagnes de prévention gouvernementales, de la santé à la sécurité routière, sont concernées par la diffusion plus massive des comportements vertueux.

Une *nudge unit* a ainsi été mise en place dans le gouvernement de David Cameron en 2010 et dans l'administration de Barack Obama en 2013. En France, ces travaux popularisés par BVA sont pris en charge par la Direction de l'innovation et de la transformation publique (DITP), rattachée à Bercy. Ils ont notamment été utilisés lors de la pandémie de Covid-19, pour aider les Français à se conformer aux recommandations sanitaires.

Cette phase de *nudge* n'est évidemment pas systématique, contrairement au travail important produit sur la forme de la communication de la politique publique qui va être lancée. Les campagnes de communication des pouvoirs publics, quel que soit le mode de diffusion utilisé (affiche, spot radio, spot télévisé, vidéos, etc.), sont régulièrement prétestées. Il s'agit de valider la pertinence des pistes de communication élaborées, afin d'identifier celle qui est la plus pertinente.

Les études d'opinion servent ainsi à décrire et préparer l'environnement politique, social et médiatique dans lequel une politique publique sera déployée. Elles sont ensuite utilisées pour apprécier ses performances et comprendre comment l'opinion la reçoit et se l'approprie. Différents indicateurs peuvent être mesurés et suivis : la notoriété, le sentiment d'information, la compréhension, l'acceptation, mais aussi les changements comportementaux induits.

Ici aussi, la communication peut être évaluée, dans une logique de post-test. Tous les points de contact avec l'administration (numéros verts, sites web, formulaires, etc.) peuvent faire l'objet d'une appréciation. Tous les supports de communication institutionnelle et publique peuvent être jugés : du magazine d'information municipal à la newsletter, en passant par les applications mobiles et les plateformes web.

Grâce aux résultats des sondages, les dirigeants disposent d'une mesure de l'impact de leur action, qui favorise une adaptation des politiques publiques aux comportements des citoyens. Ce réglage fin (*fine-tuning*) s'inscrit dans une recherche d'efficacité. L'opinion et les politiques publiques entretiennent ainsi des relations mutuelles d'ajustement, chacune réagissant constamment aux évolutions de l'autre.

Une « boucle de rétroaction » (*feedback loop*[22]) vertueuse peut alors se mettre en place : les gouvernants élaborent et appliquent des politiques, auxquelles les citoyens réagissent en exprimant leur soutien ou des demandes complémentaires par les sondages. Ces réactions sont prises en compte par les responsables qui modifient en conséquence leurs politiques, auxquelles la population réagit à nouveau dans un cycle ininterrompu.

Ce modèle dit thermostatique[23] demeure principalement théorique : si les politiques publiques étaient en adéquation permanente avec les préférences des citoyens, l'incompréhension actuelle de l'opinion n'existerait pas.

Il faut donc identifier les éléments qui ralentissent ou empêchent cet ajustement. Tous sont d'ordre politique. Dans cette catégorie, il faut distinguer, comme le fait la langue anglaise mieux que le français, les politiques publiques (*policies*) du jeu politique (*politics*). Dans ce dernier domaine, l'opinion est un enjeu majeur de l'action des acteurs politiques.

V

AGIR DANS LE JEU POLITIQUE

> Avec l'opinion publique, rien ne peut échouer ; sans elle rien ne peut réussir[1].
>
> Abraham LINCOLN

SE PRÉVALOIR DU SOUTIEN DE L'OPINION PUBLIQUE

Comme toute force, l'opinion publique fait l'objet de perceptions ambivalentes. Pour les détenteurs de l'autorité politique, elle peut être vue comme un pouvoir menaçant, la foudre prête à s'abattre. À Sainte-Hélène, Napoléon se souvient qu'à la fin de 1803 « l'opinion publique s'accumulait en véritable orage[2] ».

Mais cette « force invisible et irrésistible[3] » peut aussi constituer un allié invulnérable. Quel homme politique ne souhaiterait pas l'assistance de cette puissance omnipotente, qui « déclenche et arrête les guerres, donne le ton de la mode et de la morale, fait et défait les héros[4] » ? Politiquement, l'opinion est vue comme un talisman d'invincibilité.

Puisqu'il vaut donc mieux avoir avec soi ce Janus tout-puissant, toutes les actions pour gagner son concours sont entreprises. L'opinion publique est d'autant plus sollicitée qu'en démocratie la légitimité des gouvernants repose sur un accord avec les gouvernés. Indicateur du consentement de la population, les sondages positifs perpétuent l'onction du suffrage universel, ce qui confère de l'efficacité à l'action politique.

Les détenteurs du pouvoir cherchent donc à s'en prévaloir : c'est l'effet de consensus, qui peut être résumé par la formule « l'opinion publique est avec nous[5] ». Ce soutien fait l'objet d'une lutte entre les acteurs politiques, dont l'enjeu ultime est toujours de conserver ou conquérir le pouvoir.

Mettre l'opinion de son côté exige de déployer dans l'espace médiatique un travail actif de persuasion, dont le but consiste à faire triompher sa vision du monde en l'imposant comme juste ou vraie. Il s'agit ensuite de faire reconnaître ce soutien par les chiffres des sondages publiés. Le jeu politique s'organise autour de ces « batailles d'opinion qui se jouent dans les publications des sondages[6] ».

Dans ce combat, la place de la communication est centrale. Les interventions dans les médias font ainsi l'objet d'une préparation minutieuse de la part des dirigeants politiques, puisqu'elles constituent autant d'occasions d'arrimer solidement l'opinion publique à son camp ou de la faire basculer sur ses positions.

Lorsqu'il s'agit d'invoquer l'opinion, trois stratégies rhétoriques peuvent être appliquées[7]. La première consiste à appeler les citoyens à se fondre dans la majorité. C'est le sens d'un discours célèbre de Richard Nixon prononcé le 3 novembre 1969. Dans cette allocution télévisée, le président américain s'oppose à la minorité des manifestants contre la guerre au Vietnam, qui tente d'imposer bruyamment son point de vue, en faisant appel au soutien de la majorité silencieuse (*silent majority*) pour faire taire les armes.

Autre stratégie, l'appel à l'identité met en exergue des valeurs ou principes ayant souvent un caractère national, sur lesquels la politique menée est fondée et dans lesquels l'opinion peut se reconnaître. Dans cette perspective, « faire appel au beau, au bien, à l'intérêt national [...] sont autant de tentatives pour persuader que d'autres pensent déjà ainsi, et qu'il faut les rejoindre[8] ».

Dernière stratégie discursive à disposition des politiques, l'appel *contra populum* consiste à prendre acte d'un désaccord avec l'opinion publique, tout en la respectant. Il s'agit de s'opposer à l'opinion actuelle et de chercher à la faire venir sur ses positions, en l'informant de faits, de valeurs ou d'éléments liés à la politique contestée.

Ce pari sur l'évolution de l'opinion est l'argument utilisé en 2023 par l'ancien ministre Éric Woerth pour exhorter l'exécutif à maintenir son projet de réforme des retraites, en dépit des sondages : « Même si l'opinion publique est majoritairement contre, le gouvernement doit prendre ses responsabilités. L'opinion finira par le reconnaître[9]. »

Cette stratégie est risquée car elle suscite à court terme de l'incompréhension, voire de l'animosité. Les pertes dans l'opinion, qui doivent être consenties dès aujourd'hui, sont très concrètes, alors que les bénéfices futurs restent hypothétiques. Mais si la majorité de la population se rallie finalement à son point de vue, le gouvernant aura démontré à la fois une forte confiance en lui, une capacité à convaincre et une forme de prescience, soit autant de qualités attendues des hommes d'État.

Ces trois stratégies d'appel à l'opinion rappellent un principe politique établi dès la Révolution : « On ne peut gouverner contre l'opinion[10]. » Plus précisément, on ne peut le faire durablement. Confronté à l'opposition résolue des sondages, le pouvoir exécutif hésite à mettre en œuvre ses projets. Sans un appui minimum de l'opinion, il est raisonnable d'abandonner les réformes envisagées ou de les reporter pour travailler à leur acceptation.

Dans le jeu politique, l'opinion publique est ainsi érigée comme un juge impartial. Sa fonction est d'assurer la régulation de la lutte politique. Elle joue un rôle majeur « dans le déroulement et le dénouement des conflits[11] », qu'ils soient d'ordre politique, social ou armé.

Dans les affrontements politiques, elle est utilisée pour menacer ou dissuader ses adversaires. Pour les détenteurs du pouvoir, les sondages permettent d'infirmer les assertions de l'opposition. Prétend-elle à tort que le gouvernement n'est pas suivi par la majorité des citoyens ? Les sondages la détrompent. Affirme-t-elle être davantage soutenue par l'opinion que l'exécutif ? Les sondages la démentent.

La publication des données d'opinion impose plus d'objectivité dans le propos traditionnel des opposants, qui consiste à se positionner comme le réceptacle du mécontentement et à se présenter comme une alternative à un pouvoir délégitimé. S'il n'est pas étayé par les sondages, ce discours passe pour une posture grossière qui affaiblit ceux qui osent l'utiliser contre toute vraisemblance. Le débat public gagne ainsi en précision et se déleste de faux-semblants importuns.

Inversement, les sondages peuvent constituer de puissants alliés symboliques pour les opposants. Ils permettent aux formations politiques minoritaires de contester le pouvoir en mettant « en avant des formes alternatives d'opinion, concurrentes de celle construite et objectivée par le vote[12] ».

Les sondages prennent part aussi aux conflits qui mettent aux prises l'exécutif et le législatif. Aux États-Unis, plutôt que de négocier dans la coulisse avec le Congrès le vote de ses projets, le président cherche à s'appuyer directement sur l'opinion pour exercer sur lui une pression favorable à ses intérêts.

Conceptualisée par le professeur Samuel Kernell, cette stratégie politique consiste à « rendre public » (*going public*)[13], c'est-à-dire à attirer l'attention de l'opinion, lui présenter un enjeu et la prendre à témoin de la nécessité pour le Congrès d'appuyer l'exécutif. L'objectif est toujours de tirer avantage de son soutien pour affaiblir l'adversaire et le contraindre à obtempérer.

Régulateur des batailles politiques, l'opinion intervient aussi dans les conflits sociaux. Certes, le rapport de force entre le gouvernement et les organisations syndicales reste la clé de la résolution de ces bras de fer. Mais l'opinion s'est imposée comme « une tierce instance qui contribue fortement à trancher la question de la légitimité des conflits en cours[14] ».

La mention de son appui peut dénouer une crise comme l'illustre le cas particulier du référendum de 1984. Pour éteindre le mouvement de contestation du projet de réforme de « l'école libre », François Mitterrand propose de donner la parole aux Français, ce qui implique de réviser par référendum la Constitution, afin d'élargir le champ du référendum aux libertés publiques.

Cette proposition de référendum sur le référendum est testée par Ipsos. Très favorables, les résultats de ce sondage[15] sont publiés par le quotidien *Le Matin* et donnent lieu à une vaste campagne de communication. Les encarts publicitaires et les affiches indiquant « référendum : 70 % des Français sont pour » se multiplient.

L'opposition s'insurge. La commission des sondages émet une mise au point. Trois sénateurs[16] lancent une procédure judiciaire pour demander la fin immédiate de la campagne. Leur avocat dénonce « une opération déloyale de manipulation de l'opinion publique[17] ». Finalement, le projet présidentiel sera bloqué au Sénat. Mais, grâce à l'opinion, le chef de l'État a trouvé une échappatoire à la crise.

Dernier type de conflits dans lesquels interviennent les sondages, les confrontations armées. Bénéficier de l'aval de l'opinion est considéré comme « un facteur indispensable d'entrée en guerre[18] ». Dans la mesure où cet acte politique suprême représente un enjeu majeur pour la nation, les gouvernants ressentent la nécessité de préparer l'opinion à la guerre et à ses conséquences.

Une attention particulière est portée aux médias, afin de tenter d'obtenir une meilleure couverture journalistique. Pendant la guerre du Vietnam, Lyndon B. Johnson utilisait les sondages pour faire des relations publiques[19]. Pour rallier à lui les hommes politiques clés, il utilisait un argument de taille : sa popularité.

Une ressource majeure : la popularité

En France, la popularité s'enracine dans un trait culturel éminemment politique : le goût pour les louanges et les hommages, l'attention à la renommée et au paraître et, surtout, l'art du jugement. Pour Jacques Necker, l'émergence de l'opinion est liée au « prix attaché à la faveur publique et aux signes d'estime à travers lesquels elle se manifeste[20] ».

Aujourd'hui, la popularité reste une notion mal définie, qui suscite des définitions circulaires : « La popularité, c'est ce que mesurent les sondages de popularité[21] ! » Elle recoupe à la fois le fait d'être connu, le crédit dont dispose un homme ou une femme politique et le fait d'être apprécié. La notoriété, la confiance et la considération : comment mesurer l'intensité de ces trois aspects dans un indicateur synthétique ?

Pour répondre à cette interrogation technique, les instituts de sondage ont adopté des formulations disparates. Ils testent la satisfaction vis-à-vis du président de la République et du Premier ministre, l'approbation de leur action, l'opinion dont ils sont l'objet ou la confiance qu'ils suscitent : toutes ces différences terminologiques importantes, qui peuvent avoir des effets sur les chiffres obtenus, sont gommées médiatiquement et restituées sous le terme simplificateur de popularité.

Le suivi de cet indicateur donne la possibilité de comprendre l'évolution du soutien de la population à l'égard des dirigeants et de leur action. La réaction de l'opinion peut être appréciée en regard des événements politiques et médiatiques survenus pendant la période étudiée.

Même si l'interprétation doit prendre garde à ne pas confondre la corrélation et la cause, la concomitance des faits et des évolutions de la popularité est souvent parlante en ce qui concerne les responsables politiques de premier plan. Avec les intentions de vote, le suivi de la popularité constitue ainsi le principal témoin de l'état de la relation entre les gouvernants et les gouvernés.

Il permet aussi de comparer le président et le Premier ministre à leurs prédécesseurs. Cette mise en perspective de leur popularité à des moments clés (six mois après la prise de fonction, à mi-mandat, etc.) vient nuancer les performances individuelles en distinguant ce qui relève d'une situation politique inédite ou de l'évolution classique d'un mandat. Les gouvernants eux-mêmes s'adonnent à cet exercice comparatif. George H. Bush et son chef de cabinet consultaient régulièrement un document comparant la popularité des présidents successifs[22].

La comparaison peut s'effectuer avec toute autre personnalité actuelle du champ politique. Quel est le ministre le plus populaire du gouvernement ? Qui dispose de la meilleure cote de popularité au sein d'un camp spécifique (gauche, droite, centre…) ? Quel membre d'une formation politique rencontre le plus les faveurs de l'opinion ?

En France, les dirigeants rechignent à avouer qu'ils suivent l'évolution de leur popularité, comme le notait le Premier ministre Pierre Mauroy : « Ils vous diront tous qu'ils se moquent des sondages, mais tout de même, on les attend. En tout cas, moi j'attendais la cote de confiance publiée dans *Le Figaro*[23]. »

Cet effet, réconfortant ou démoralisant, de la popularité impacte l'état d'esprit de l'élu, mais aussi celui de ses interlocuteurs. Jean-Pierre Raffarin se souvient qu'à Matignon « tous les gens qui rentrent dans le bureau ont à l'esprit : “Il monte ou il descend.” On ne vous demande pas comment vous allez puisqu'on connaît votre sondage[24] ».

Cette volatilité peut être source d'inquiétude pour la pérennité du pouvoir. Alain Juppé estime ainsi que « l'opinion publique, pour tout dire, évolue. On peut vous plébisciter et le lendemain brandir votre effigie au bout d'une pique[25] ». La popularité renseigne sur l'ancrage du pouvoir et, de ce fait, tranquillise ou inquiète quant à sa conservation.

Logiquement, l'impopularité est donc perçue comme une faiblesse. Dans la compétition politique, tous les moyens sont ainsi recherchés pour affaiblir la popularité d'un adversaire ou, plus souvent encore, d'un rival. Cette motivation est entrée dans le choix de confier Matignon à Michel Rocard : « François Mitterrand m'avait nommé pour que je m'effondre. Pour que je perde ma popularité[26] », se souvient l'ancien Premier ministre, qui se réjouissait d'avoir su déjouer ce projet florentin.

La popularité est souvent un sujet de contentieux entre les deux têtes de l'exécutif. Le président peut ressentir comme une atteinte à la préséance institutionnelle le fait que celui qu'il a nommé et qui lui est subordonné soit plus populaire que lui. Ce sentiment est sans doute entré en jeu dans le congédiement par Georges Pompidou de Jacques Chaban-Delmas, premier Premier ministre à être plus populaire que le président[27].

Les cotes de popularité ont été particulièrement scrutées lors des cohabitations. Pendant 22 mois consécutifs, la popularité d'Édouard Balladur s'est maintenue à un niveau supérieur à celle de François Mitterrand. Un avantage qui lui a permis d'éviter l'affrontement larvé qui avait eu lieu entre 1986 et 1988. De la même façon, la popularité de Lionel Jospin de 1997 à 2002 a empêché toute éventuelle nouvelle dissolution.

Pour tout responsable politique, le maintien d'un socle de popularité minimale constitue ainsi un objectif primordial. Mais les moyens d'y parvenir sont mal identifiés. Comme tout lien humain et affectif, la popularité varie selon l'équation personnelle de celui qui en est l'objet.

Certains sont frappés, parfois injustement, d'une impopularité persistante, quelle que soit leur action. D'autres conservent de façon surprenante une popularité intacte, quelles que soient leurs erreurs. Ronald Reagan était surnommé « le président Teflon[28] », en référence à ce polymère à très grand pouvoir antiadhésif : tous les événements négatifs, affaires et scandales semblaient glisser sur lui.

Il ne suffit pas de défendre sa popularité. Il faut surtout accroître cette ressource politique puissante, qui procure de nombreux atouts. D'abord, elle amplifie la portée de la parole de celui qui en bénéficie, comme l'avait noté Jacques Pilhan : « Plus on est haut dans l'opinion, plus celle-ci interprète favorablement ce que vous dites. Quand on dit la même chose et qu'on est en bas, les gens estiment que ce que vous dites est nul[29]. » Aux États-Unis, les discours des présidents populaires ont près de deux fois plus d'effets sur l'opinion publique que ceux des chefs de l'État touchés par l'impopularité[30].

La popularité crée aussi un environnement favorable au sein du champ politique. Celui qui reçoit les faveurs du peuple a toujours paru profiter d'une forme d'invulnérabilité. Au pouvoir, elle permet de se maintenir. Le duc de Choiseul « dura en exerçant une grande force d'opinion[31] » : « Il avait l'opinion, la presse, les salons, Ferney. Cela le rendait impeccable. D'une sécurité étonnante[32]. » Pourquoi éconduire celui dont la population est satisfaite ?

De la même façon, lorsqu'elle est ascendante, la popularité témoigne d'un puissant mouvement de soutien. En 1558, lorsqu'il reprend Calais aux Anglais après 200 ans d'occupation, le duc de Guise est transfiguré par la popularité tirée de son exploit : « Il allait, il montait, emporté du coursier de feu qu'on appelle opinion[33] », écrit Jules Michelet. Aucune opposition ne semble en mesure d'arrêter une personnalité populaire.

Les conclusions de ces exemples historiques, parfaitement transposables à l'époque actuelle, indiquent que la recherche de la popularité, comme acquisition d'un capital politique, constitue un objectif important pour tout homme ou femme politique. Il faut faire partie du « club fermé des “cotés de l'opinion”[34] ». Cela suppose d'être testé dans les baromètres de popularité, ce qui constitue la reconnaissance d'un poids politique.

Cette légitimité nouvelle peut offrir à la personnalité qui en bénéficie une plus forte visibilité médiatique. Mieux connue grâce à cette plus grande présence dans les médias, elle peut faire prospérer cette popularité. Ces phénomènes d'entichement médiatique pour une figure politique, qui devient la coqueluche des sondages, sont bien identifiés. Il ne faut toutefois pas considérer qu'il s'agit d'un processus autoalimenté : toute exposition médiatique ne renforce pas nécessairement la popularité.

De la même façon, le lien entre la popularité et le pouvoir n'est pas clairement établi. La popularité est-elle un effet ou une cause du pouvoir ? Pour certains[35], elle serait liée à la place occupée dans le jeu politique et institutionnel. La participation au gouvernement, une position éminente au parlement, la direction d'une formation politique, l'obtention d'une investiture, etc., favoriseraient la popularité.

Mais, dans ce domaine également les contre-exemples abondent : de multiples acteurs politiques occupant des fonctions de premier ordre ne disposent pas d'une popularité forte. Un constat qui invalide tout lien de cause à effet définitif entre la popularité et la fonction occupée.

En revanche, il est établi que la popularité est un atout pour être élu, mais pas une condition suffisante. Aux États-Unis en 1991, pendant la première guerre du Golfe, des soutiens du Président Bush manifestaient avec une pancarte sur laquelle était inscrit « We ♥ George – 91 % », en référence à son niveau de popularité record. Il fut pourtant battu par Bill Clinton lors de la présidentielle de l'année suivante[36].

Si la popularité ne se transforme pas nécessairement en victoire électorale, le fait d'être élu est un facteur de popularité. Celui qui a personnellement remporté la bataille électorale se voit paré dans l'opinion de toutes les vertus. Un enthousiasme sincère vis-à-vis du nouvel élu, la reconnaissance respectueuse du vainqueur et une forme de bienveillance se mêlent pour produire le phénomène de l'état de grâce.

La plupart des présidents de la Vᵉ République ont bénéficié de cet effet. Selon l'Ifop, Charles de Gaulle (73 %), Nicolas Sarkozy (65 %), Emmanuel Macron (62 %), François Hollande (61 %), Jacques Chirac (59 %), Georges Pompidou (54 %) et François Mitterrand (54 %) ont chacun débuté leur mandat avec une cote de popularité majoritaire. Seul Valéry Giscard d'Estaing fait exception (44 %).

Le phénomène ne se reproduit pas au début des seconds mandats. En mai 2022, la cote de popularité d'Emmanuel Macron, qui vient pourtant de réussir l'exploit d'être le premier président réélu sans passer par la transition de la cohabitation, n'est que de 41 %...

Après l'état de grâce, les trois premiers présidents de la Vᵉ République ont pu maintenir et même développer leur popularité. Pour leurs successeurs, la lune de miel avec l'opinion a été éphémère. Dès novembre 1981, François Mitterrand avait perdu 8 points de popularité (46 %). En septembre 1995, Jacques Chirac avait régressé de 26 points (33 %). En février 2008, la popularité de Nicolas Sarkozy avait fondu de 27 points (38 %). Avant même la fin de 2012, François Hollande avait vu s'envoler 24 points (37 %). Et six mois après son élection, Emmanuel Macron avait déjà cédé 8 points (46 %).

La popularité présidentielle suit généralement une pente descendante en cours de mandat. Le déclin paraît inexorable, à tel point qu'une boutade conseille à un président qui voudrait rester populaire de démissionner le lendemain même de son investiture[37]. Toutefois, en fin de mandat, les présidents connaissent souvent une résurgence de popularité, en particulier s'ils ne se représentent pas ou se retirent de la vie politique.

Mentionnons un cas particulier : l'effet de ralliement au drapeau (*rally around the flag*[38]), qui se traduit par une montée en flèche temporaire de la popularité du chef de l'État. Cet effet survient lorsqu'un événement international, qui concerne le pays, implique particulièrement le président et comporte une intensité dramatique forte concentrant l'attention, notamment celle des médias.

Face à une menace extérieure extrême, un réflexe de défense et de cohésion nationale se déploie. Les oppositions se taisent. La personne du président s'efface derrière le symbole d'unité de la nation que représente sa fonction. En se massant derrière lui, la population vise à lui conférer la plus grande force politique possible au moment où il doit agir sur la scène internationale.

L'histoire, en France et à l'étranger, apporte plusieurs exemples de cet effet spectaculaire. Après les attentats du 11 septembre 2001, George W. Bush engrange immédiatement un gain de 35 points jusqu'à obtenir une popularité record de 90 %. En juin 1982, après la reconquête des Malouines, la popularité de Margaret Thatcher mesurée par Ipsos est propulsée à 59 % (+29 points par rapport à février).

En France, en novembre 2015, après la deuxième série d'attentats de cette année noire, un phénomène d'union nationale fait bondir la popularité de François Hollande dans des proportions considérables : 10 points (Odoxa), 12 points (Ifop), 17 points (Ipsos), 20 points (TNS Sofres). Mais, dès janvier 2016, la cote du président subit un reflux important, signe que l'effet de ralliement au drapeau concerne davantage la fonction que celui qui l'incarne.

Cet effet, mesuré à nouveau à propos d'Emmanuel Macron au lancement des hostilités russes en Ukraine en 2022, souligne la sensibilité de la popularité à l'actualité. Il dit aussi sa précarité, qui est source d'inquiétude ou d'espérance selon la configuration. Les baisses de popularité rencontrent toujours un plancher. Chaque élu dispose d'un socle irréductible de sympathisants. Ce soutien inconditionnel est un alliage d'adhésion à une personnalité, de fidélité au choix électoral passé et de légitimisme.

Édifiés par leurs prédécesseurs, les dirigeants politiques qui subissent l'impopularité ne se résolvent jamais à entonner le *De profundis*. Nécessairement lente, la reconstruction patiente d'une popularité éboulée n'est pas une œuvre impossible.

Des regains de popularité ont eu lieu à plusieurs reprises. En décembre 1979, la cote d'avenir de Jacques Chirac, vu comme le « diviseur de la droite[39] », était tombée à 23 % avant de se redresser à 46 % en juillet 1983, période où il apparaît comme le leader de l'opposition. Même trajectoire pour Alain Juppé, honni après les grèves de 1995, avant de se réinstaller au zénith des sondages lors de la primaire de 2016.

Malgré ces revirements fréquents, la baisse de popularité est conçue par les gouvernants comme un prix à payer pour appliquer leur programme. Avant le lancement d'une réforme importante, les présidents évaluent leurs pertes potentielles dans l'opinion. Jimmy Carter se souvient : « Quand j'ai annoncé que je proposerais un paquet énergétique, j'ai prédit que mes sondages chuteraient de 15 %[40]. »

L'usage de ce capital de popularité dépend de la personnalité de chaque dirigeant. Harry Truman affectait de ne pas y prêter la moindre attention, tandis que Dwight Eisenhower, très attaché à conserver son prestige de général cinq étoiles vainqueur de la Seconde Guerre mondiale, était plus précautionneux.

Il serait faux d'en déduire qu'il convient de ne rien faire pour rester populaire. Mais il faut noter que la popularité des anciens dirigeants politiques de premier plan, notamment les présidents, atteint toujours des sommets lorsqu'ils ont quitté le pouvoir. Rendus inoffensifs par leur retrait de la politique active, ne sollicitant plus les suffrages des électeurs, ils sont plus consensuels.

In fine, la nature de la popularité reste difficilement accessible. Fréquent dans notre histoire politique, l'engouement populaire autour d'une personnalité rencontre souvent l'incompréhension. Parfaitement évident pour ceux qui le partagent, il peut paraître irrationnel aux autres, une forme d'« hallucination collective[41] » selon les mots de Dominique Strauss-Kahn à propos de la ferveur qui entourait Ségolène Royal en 2006.

Ce clivage dit toute l'étrangeté de la popularité, qui obéit autant à des critères logiques qu'à des déterminants émotionnels, ce qui n'enlève rien à son pouvoir politique. Avoir l'opinion avec soi et profiter d'une popularité solidement enracinée constitue à la fois une arme offensive et une armure solide dans le débat politique. Comment sont-elles utilisées par les gouvernants pour communiquer ?

Un outil de communication politique

Dès leur origine, les sondages ont été conçus comme une pièce maîtresse de la communication politique. Ils interviennent à la fois de façon confidentielle et publique.

Sur le plan privé, ils sont utilisés depuis le début des années 1970 comme des instruments de conception et d'évaluation de la politique de communication des responsables politiques. Ils servent ensuite à mesurer la réception des actions mises en œuvre. Après chaque discours ou allocution importante, Dick Morris informait le Président Clinton de l'évolution à chaud de sa cote de popularité[42].

Sur la longue durée, les études d'opinion servent à construire une image positive. Dans ce domaine, Dick Morris admet avoir « parfois poussé les sondages trop loin[43] ». En 1994, pour rectifier les perceptions de Bill Clinton qui avait été critiqué pour avoir séjourné sur l'île huppée de Martha's Vineyard, il sonde les Américains et recommande des congés dans une petite ville de l'État rural du Wyoming.

Le président obtempère. Hélas ! Sa cote de popularité reste étale. À son retour, il ne décolère pas : « Ce sont les premières vacances que je prends qui ne m'aident pas dans les sondages[44]. » Mais dès l'année suivante, le choix du même lieu de villégiature fut profitable.

Les sondages permettent ainsi à la fois de mesurer les réactions immédiates de l'opinion et de suivre les transformations graduelles des perceptions. Le rôle des conseillers en communication consiste alors à exploiter les indicateurs des études pour conjuguer au mieux ces deux temporalités.

Si elles permettent de redresser ou de parfaire l'image des dirigeants politiques, les enquêtes d'opinion donnent aussi la possibilité d'ajuster leur parole, en corrigeant le fond et la forme de l'expression. L'application extrême de cet usage tactique aboutit au *crafted talk*[45], qu'on peut traduire par « langage fabriqué ».

Cette technique consiste à trouver dans les études qualitatives les mots utilisés par l'homme de la rue, puis à les reprendre dans les discours officiels et les médias pour créer de la proximité avec l'opinion. Fortement décriée, cette pratique ôte toute sincérité au discours politique et relève d'une forme de cynisme condescendant, qui considère que l'usage d'un vocabulaire commun crée nécessairement de l'adhésion.

À côté de ces usages confidentiels, il existe une utilisation rhétorique des données d'opinion, qui sont introduites dans le débat public par les acteurs politiques eux-mêmes. « Le sorcier de l'Élysée[46] », Jacques Pilhan, articulait parfaitement ces deux volets complémentaires. Son action consistait à préparer par des études d'opinion les interventions médiatiques de François Mitterrand, puis à susciter en aval la publication de sondages pour attester la performance présidentielle et renforcer ainsi son autorité.

L'efficacité médiatique des sondages est très élevée, car ils condensent « le sentiment politique dans des symboles numériques[47] ». Au-delà de leur puissance évocatrice, le caractère scientifique des sondages leur confère un rôle important : celui de la preuve qui confirme la véracité du propos. Argument d'autorité, leur simple citation peut conclure un débat, renvoyer à la minorité de son expression un adversaire et faire taire les critiques sur-le-champ.

Les sondages servent aussi à donner corps à une posture d'écoute de la population. Évoquer leurs résultats revient à prendre acte des messages envoyés par l'opinion et à se montrer attentif au jugement des citoyens.

Reflets de l'opinion, les enquêtes publiées peuvent aussi la faire évoluer à travers les discours qu'elles génèrent. Les résultats des sondages alimentent les commentaires médiatiques et politiques, qui transforment les perceptions des citoyens, lesquels adaptent en conséquence les réponses qu'ils donnent aux instituts. Les nouvelles données produites par les sondeurs suscitent de nouvelles réactions, qui relancent le processus en boucle[48].

Parallèlement, dès les années 1970, les analyses sur l'établissement de l'agenda (*agenda setting*[49]) ont souligné la corrélation entre les thèmes traités par les médias et ceux jugés importants par l'opinion. Par conséquent, puisque les sondages font partie de l'actualité, il est impératif pour le pouvoir comme pour l'opposition d'en assurer un traitement positif dans les médias.

Pour répondre à cet enjeu, des efforts et des ressources sont mobilisés de deux façons par les responsables politiques. Offensivement, il s'agit d'imposer une grille de lecture des sondages favorable à leurs intérêts. Défensivement, il convient de contredire les interprétations négatives des chiffres, afin de ne pas laisser s'enclencher des phénomènes d'opinion néfastes.

Lorsqu'il se trouve mis en cause par les études publiées, le pouvoir a tendance à se sentir la cible d'une presse militante. Lyndon B. Johnson avait le sentiment que les médias, qu'ils pensaient contrôlés par ses adversaires politiques, s'acharnaient à l'affaiblir en diffusant des sondages manipulés. Les sondeurs eux-mêmes étaient assimilés à des opposants politiques pilonnant impitoyablement la présidence : l'équipe du Président Johnson désignait leurs études sous le nom de « bombes O » (o pour opinion)[50].

Plusieurs stratégies peuvent être déployées par le pouvoir pour amoindrir la portée dans l'espace médiatique de sondages négatifs. La plus simple consiste à discuter l'interprétation des chiffres en actionnant une critique méthodologique. Le mode de recueil utilisé, l'échantillon interrogé ou la formulation des questions sont attaqués pour souligner d'éventuels défauts de conception qui rendraient les résultats inexploitables.

La riposte peut aussi opposer aux données publiées d'autres chiffres, issus de sondages réalisés confidentiellement ou déjà publics. Dans des cas plus rares, la contre-attaque s'en prend directement aux sondeurs, en mettant en cause leur indépendance.

En parallèle, toutes les indications d'un soutien du grand public font l'objet d'une large publicité. Les responsables politiques n'hésitent pas à faire leur propre promotion en utilisant les sondages. L'équipe de Richard Nixon dissémine dans la presse tous les chiffres favorables[51]. En France, Nicolas Sarkozy « aime parler de sa propre cote de popularité. Il rend publics et commente certains résultats propres à redorer son image[52] ».

Dans une logique d'autocongratulation, les gouvernants attribuent leur réussite politique à leur capacité à être en phase avec l'opinion publique d'une part et à la convaincre de la pertinence de leur action d'autre part. Mais, dès que l'appui de l'opinion décroît, ils changent d'interprétation.

Deux attitudes peuvent alors prévaloir. Une conception optimiste les conduit à penser que la baisse du soutien n'est que temporaire. Il faut négliger ce simple trou d'air et poursuivre l'action, dont les résultats seront nécessairement reconnus.

Plus volontariste, la seconde réaction consiste à estimer nécessaire un changement de communication. Elle suppose que les jugements négatifs portés sur les dirigeants et/ou la politique menée sont dus à un déficit d'information. Si l'opinion se trompe, c'est parce qu'elle manque d'explications. Sur le fond, un renfort de pédagogie est nécessaire. Sur la forme, il convient de communiquer, mieux, plus ou différemment, afin d'éviter « le divorce entre un gouvernement clairvoyant et une opinion mal informée[53] ».

Cette position repose sur la supposition que l'opinion soutiendrait les gouvernants si elle comprenait ce qu'ils envisagent de faire. Elle est systématiquement évoquée dès que les sondages font état d'une divergence de vues entre les gouvernés et les gouvernants. La contestation d'une réforme annoncée est rarement reconnue comme la résultante d'une analyse rationnelle. Dans les discours officiels, c'est toujours l'opinion qui fait fausse route, jamais les responsables politiques. Mais si elle s'oppose à eux, n'est-ce pas justement parce qu'elle a bien compris leurs intentions ?

Pour faire taire cette contradiction stridente de l'opinion, il peut être séduisant d'agir par des moyens détournés.

VI

LA TENTATION DE LA MANIPULATION DE L'OPINION

> La manipulation consciente, intelligente, des opinions et des habitudes organisées des masses joue un rôle important dans une société démocratique. Ceux qui manipulent ce mécanisme social imperceptible forment un gouvernement invisible qui dirige véritablement le pays[1].
>
> Edward BERNAYS

CONDITIONNER L'OPINION

Pour les gouvernants, la manipulation de l'opinion se pose comme une solution pour éviter de répondre à ses attentes. Plutôt que de changer la réalité, ils peuvent choisir d'influencer les préférences des citoyens. Dès son apparition et jusqu'à nos jours, la presse est apparue comme un outil privilégié pour organiser ces manœuvres : « Le contrôle de l'opinion par ou à travers les médias est une tentation qui court au long de l'histoire[2] », rappelle le spécialiste de l'histoire des médias Patrick Eveno.

À l'époque napoléonienne, *Le bulletin de la Grande armée* et *Le Moniteur universel* sont conçus comme des instruments pour diffuser des perceptions favorables au pouvoir impérial. Conscient de leur impact, Napoléon lui-même dicte régulièrement des récits grandioses pour faire scintiller la gloire de ses soldats et célébrer le génie du successeur de César. Vive l'Empereur !

Pendant la Première Guerre mondiale, l'observation de l'opinion publique s'accompagne d'une volonté de l'orienter grâce à deux moyens : la propagande et la censure. Le sujet du conditionnement de l'opinion par les dirigeants politiques prend une dimension nouvelle dans l'entre-deux-guerres. L'apparition des *mass medias*, la radio puis la télévision, donne une vigueur inégalée aux opérations d'endoctrinement, que les totalitarismes illustrent de façon effrayante.

Les démocraties n'échappent pas à ce mouvement. Dès 1928, Edward Bernays indique qu'il « est désormais possible de modeler l'opinion des masses[3] », grâce à un nouvel outil politique : la propagande. Dans un ouvrage au titre en forme de mode d'emploi (*Propaganda : comment manipuler l'opinion en démocratie*), il affirme que pour les hommes politiques dorénavant, ce qui importe « n'est pas tant de savoir plaire à l'opinion que de savoir l'amener à partager leurs vues[4] ».

Concomitamment, l'apparition des sondages dans les années 1930 les fait immédiatement apparaître comme suspects : ne seraient-ils une technologie orwellienne offrant la possibilité d'instrumentaliser les masses et de contrôler à volonté les opinions ?

Le principe de la manipulation consiste à induire consciemment en erreur l'opinion, en lui communiquant des informations inexactes ou en lui dissimulant des vérités. Les sondages, qui informent sur l'état de l'opinion, apparaissent logiquement comme une ressource utile pour les manipulateurs. Les instruments de connaissance pourraient facilement être utilisés comme des outils d'intoxication.

Cette vision perdure. En raison de la confidentialité des usages gouvernementaux dont ils sont l'objet, les sondages s'insèrent parfaitement dans toutes les déclinaisons narratives du thème de la conspiration des élites contre le peuple. Vus comme complices de tous les complots, ils sont constamment conspués.

À l'heure de la « datapulation », la manipulation par les données, de faux sondages (*fake polls*) serviraient de supports à de fausses informations (*fake news*), ce qui ouvrirait un risque démocratique majeur. Au lieu d'avoir ouvert la voie au gouvernement par l'opinion, les sondages auraient ainsi facilité la gouvernance de l'opinion[5].

Une série de préjugés véhicule l'idée qu'ils fabriquent des illusions destinées à tromper le peuple. Un trait d'esprit, porté à tort au crédit de Winston Churchill, permet de mettre les rieurs de son côté tout en diffusant implicitement la thèse de l'altération frauduleuse de données : « Je ne crois aux statistiques que lorsque je les ai moi-même falsifiées. »

Dans cette conception, les sondages seraient un instrument d'action politique dans les mains des acteurs qui les élaborent, les réalisent et les interprètent. Ce petit cercle fabriquerait l'opinion en utilisant deux moyens principaux.

D'une part, ils déterminent les sujets sur lesquels l'opinion est interrogée. Ce choix n'est pas neutre. Les sondages posent des questions qui intéressent les élites, mais que ne se posent pas les citoyens : c'est l'effet d'imposition de problématique[6], qui accrédite l'idée que certains thèmes sont légitimes dans le débat public et donne l'illusion qu'il existe un consensus sur les problèmes à traiter.

D'autre part, ceux qui posent les questions sont aussi ceux qui les analysent. L'interprétation des résultats permet à ces faiseurs d'opinion de livrer leur vision du monde et de l'actualité, qui est largement diffusée grâce au concours coupable des médias affidés au pouvoir. Les sondages agiraient ainsi comme « une machine de guerre idéologique[7] », au service du renforcement de la domination sociale des élites.

Le fonctionnement de cette supposée manipulation est simple : la médiatisation des résultats des sondages exercerait une pression sociale qui transformerait les perceptions de la population. Les citoyens seraient irrésistiblement incités à s'aligner aveuglément sur la position exprimée par la majorité.

Exposés aux chiffres des sondages, ils cesseraient de penser par eux-mêmes pour communier dans le grégarisme. Dès le XIXe siècle, le journaliste et économiste britannique Walter Bagehot estime que l'opinion « nous oblige à penser les pensées des autres hommes, et à dire les paroles des autres hommes, et à suivre les habitudes des autres hommes[8] ».

Cette abdication du libre arbitre est précisément ce que redoutait Alexis de Tocqueville, lorsqu'il mettait en garde contre « une sorte de pression immense de l'esprit de tous sur l'intelligence de chacun[9] ». La « coercition morale de l'opinion publique[10] » serait le bras armé d'une domination douce qui met à disposition de tous un confortable prêt-à-penser.

En exploitant les sondages, le pouvoir parviendrait donc à suspendre la rationalité des citoyens et à aligner l'opinion publique sur ses positions. Ce conformisme des esprits nourrirait la docilité sociale : « Les gouvernements font des sondages pour obtenir l'obéissance des citoyens[11] », estime Benjamin Ginsberg. Redoutable outil de formatage idéologique, les sondages construiraient un « faux consensus[12] » qui déboucherait sur un vrai consentement.

Le débat démocratique, lieu du choc d'opinions diverses, en subirait les conséquences. Des points de vue largement partagés par la population peuvent sembler incontestables et décourager les voix qui voudraient les remettre en cause. Les opinions qui ne sont pas majoritaires seraient dévaluées, et même disqualifiées. Le changement politique serait ainsi fortement découragé par les sondages, qui seraient un puissant vecteur de dépolitisation.

La finalité de ce vaste stratagème ne ferait aucun doute : il servirait au pouvoir à se maintenir au pouvoir. Toute alternance serait rendue impossible. Les sondages priveraient ainsi les citoyens du droit démocratique de choisir et changer les gouvernants. Cette confiscation, à laquelle ils participeraient avec zèle, ne serait-elle pas organisée à leur propre profit ? Ainsi s'avance le spectre lugubre de la « sondocratie ».

Le gouvernement des sondages, la « sondocratie »

Ce néologisme est employé pour la première fois par Robert Escarpit dans le titre de l'un de ses billets humoristiques publié le 12 octobre 1959 dans *Le Monde*. Le terme demeure ensuite inusité pendant plus de deux décennies. Il resurgit dans un numéro de la revue *Pouvoirs* consacré aux sondages en avril 1985, sous la plume de Bernard Rideau[13]. Le mot décrit alors de façon neutre l'usage gouvernemental des sondages. À partir des années 1990, il devient systématiquement évoqué sur un registre péjoratif.

La sondocratie désigne un régime politique dans lequel le pouvoir (du grec *krátos*) est détenu par les sondages. De prime abord, elle apparaît davantage comme un bienfait que comme un épouvantail : dans la mesure où les sondages reflètent fidèlement l'opinion publique, dont l'expression est un principe démocratique fondamental, le fait de leur confier le pouvoir reviendrait à mieux faire entendre la voix du peuple.

Mais la sondocratie porte une forte charge critique et dénonce un dévoiement des sondages, qui auraient cessé de remplir objectivement leur mission de porte-parole de l'opinion pour accaparer le pouvoir. En lien avec les dirigeants politiques et les médias, ils chercheraient à asservir les citoyens. Il faut donc dénoncer activement les agissements criminels de ce « système politico-médiatico-sondagier[14] ».

Si on en écarte la dimension complotiste, l'intérêt de cette thèse consiste à mettre en question les relations que les sondeurs entretiennent avec les pouvoirs politique, médiatique et économique. L'autonomie réelle des instituts suscite la suspicion, sans doute en raison des liens commerciaux qui les unissent à ces différents acteurs.

Les sondages se trouvent accusés d'être un outil de persuasion par les gouvernants et de propagande par l'opposition. Ils subissent la méfiance qui touche tous ceux qui s'expriment au nom de l'opinion publique : la traduisent-ils fidèlement ou bien la détournent-ils perfidement à leur profit ?

Parfaitement légitimes en démocratie, ces soupçons sont étayés par des faits : comme celle des médias, l'histoire des sondages est émaillée de tentatives de manipulation à des fins politiques. Étant donné l'immédiateté de l'enjeu, elles sont plus fréquentes en période électorale. Mais elles interviennent aussi dans l'exercice du pouvoir, comme l'a révélé avec fracas l'affaire des sondages de l'Élysée.

En 2009, la Cour des comptes audite pour la première fois la présidence de la République, conformément à un engagement de Nicolas Sarkozy datant de juillet 2007. Elle propose de sanctuariser une liste de dépenses civiles dont les sondages auraient fait partie, ce que refuse l'Élysée. Publié en juillet 2009, le rapport fait l'effet d'une bombe en dévoilant une affaire politico-financière qui va durer plus d'une décennie.

Il traite du « cas particulier des études » et incrimine les détails d'une convention signée entre l'Élysée et un cabinet d'études pour un coût d'environ 1,5 million d'euros. Il s'agit de Publifact, société dirigée par Patrick Buisson, qui conseille Nicolas Sarkozy depuis 2005. Un autre cabinet, Giacometti/Péron, cofondé par Pierre Giacometti est aussi mis en cause.

Publifact disposait de tout pouvoir pour commander des études sur les thèmes qu'il estimait pertinents et en confier la réalisation aux instituts de son choix. Il réglait les prestations de ses sous-traitants, dont le montant était inclus dans les factures présentées à l'Élysée, au nombre de 130 pour l'exercice 2008.

La Cour mentionne l'achat par ce cabinet du Politoscope, une enquête bimensuelle réalisée par OpinionWay pour *Le Figaro* et LCI. La comparaison des chiffres publiés avec ceux transmis à la présidence n'a pas fait apparaître de différences. De la même façon, une quinzaine d'autres enquêtes réalisées par d'autres instituts étaient similaires à la version diffusée par la presse.

Quelle était l'utilité de l'achat de ces enquêtes par l'Élysée ? Le pouvoir aurait-il mis sur pied un système dans lequel les études conçues par ses soins seraient réalisées par des instituts amis et diffusés par des médias en adéquation idéologique ? Les sondeurs y trouveraient un intérêt pécuniaire à se trouver régulièrement sollicités, tandis que les médias incriminés participeraient d'autant plus facilement à l'opération que le coût de la facture serait fortement allégé.

Pour régulariser sa situation sur le plan juridique, la présidence établit avec Publifact un contrat dédié aux études d'opinion et lance un appel d'offres pour la réalisation d'études d'opinion en octobre 2009. Une enquête judiciaire est cependant conduite. Elle place TNS Sofres, l'Ifop et OpinionWay sous le statut de témoin assisté et met en examen Ipsos. Elle aboutit en novembre 2021 à un procès qui condamne la plupart des protagonistes. Ipsos est convaincu de recel de favoritisme. Les autres instituts sont disculpés.

Cette affaire confirme que tous les gouvernants cherchent à peser sur l'opinion. Édouard Balladur le dit sans détour à propos des sondages : il est « fructueux pour le politique d'orienter leurs résultats. Pour y parvenir, il a besoin d'entretenir de bonnes relations avec les entreprises dont c'est la spécialité[15] ». De la même façon qu'ils cherchent à séduire les journalistes pour susciter un traitement médiatique positif, les dirigeants politiques courtisent parfois les sondeurs pour espérer obtenir des résultats favorables.

Les tentatives d'influence peuvent prendre la forme de préconisations méthodologiques. Il arrive que le pouvoir politique suggère aux instituts des thématiques à traiter, et même des questions à poser, afin de produire un effet de publication qui serve et promeuve ses intérêts. Il est ainsi avéré que l'équipe de Richard Nixon a cherché à peser sur le contenu des questionnaires de sondages publiés[16].

Quand la séduction reste stérile, toute la panoplie de l'intimidation est alors déployée. La menace ou l'incitation économique est pratiquée. Pour influencer Louis Harris, le cabinet de Richard Nixon a mis un terme brutal à tous les contrats passés avec l'institut, avant de faire machine arrière. La pression peut aussi s'exercer sur le terrain politique. En 1970, la Maison-Blanche a demandé aux Républicains du Congrès de lancer une commission d'enquête sur les sondeurs américains.

Lorsque l'influence ou la contrainte se révèlent improductives, la tentation de la censure apparaît. Au début des années 1970, la Maison-Blanche a tenté d'étouffer des sondages de Gallup, en demandant à des journaux de ne pas les publier[17]. Ces pratiques datant d'il y a plus d'un demi-siècle ne correspondent plus au paysage médiatique actuel et à l'indépendance conquise par les médias vis-à-vis de la sphère politique.

Elles soulignent cependant la très forte attention portée par les gouvernants au contenu des médias, comportement qui aurait été favorisé par les sondages. « Hantés par leurs courbes de popularité[18] », les acteurs politiques seraient incités par la publication permanente des chiffres à se focaliser sur eux-mêmes, au détriment de l'intérêt général.

Les sondages auraient dévoyé la nature même de l'action politique en imposant la croyance « selon laquelle "faire de la politique", c'est, entre autres grâce à une "bonne communication", se situer le plus haut possible dans les cotes de popularité[19] ». Il ne s'agirait plus d'avancer des idées ou de défendre une conception de l'intérêt général, mais seulement de plaire au plus grand nombre.

Les sondages nourriraient ainsi une vision personnalisée et individualiste du jeu politique, à l'opposé de l'action collective. Aux États-Unis, ils auraient contribué à l'instauration d'une « présidence plébiscitaire[20] ». En France, le « culte des sondages » serait une scorie de « la vieille tentation plébiscitaire[21] », qui parcourt l'histoire politique nationale et entretient le mythe fascinant du sauveur.

Le plébiscite, qui dans la Rome antique consistait pour le tribun à faire trancher une question par la plèbe, implique un lien direct entre les gouvernants et les gouvernés. Les sondages auraient permis aux gouvernements de court-circuiter les corps intermédiaires (partis politiques, syndicats, chambres consulaires, associations, etc.), qui agissaient comme les porte-parole traditionnels de l'opinion. Ainsi individualisée par les sondages, l'opinion verrait son impact politique réduit et son rôle limité à la seule approbation des dirigeants.

Agents de cette logique délétère, les instituts auraient « permis d'instaurer en politique le règne de l'applaudimètre[22] ». Dans cette « démocratie acclamative[23] », les citoyens seraient rabaissés au rang de simples spectateurs. De la même façon que l'économie réelle aurait été dégradée par le mouvement de financiarisation, les cotes de popularité, véritable « indice Dow Jones de la politique[24] », auraient dévalorisé la politique en transformant les personnalités politiques en purs produits médiatiques.

Derrière l'omniprésence des sondages, ce sont les effets négatifs de la suprématie des médias sur la politique qui sont dénoncés. Flanqué d'une cohorte de conseillers en communication et de *spin doctors* qui lui donneraient tous les leviers pour progresser de quelques points dans les sondages, l'homme politique serait devenu un homme cathodique, c'est-à-dire « un homme d'opinion », à qui les sondages permettent de « retourner aux citoyens le discours qu'ils attendent[25] ». Dans quelle mesure y parvient-il ?

Une capacité limitée de pouvoir sur l'opinion

Les tentatives de manipulation de l'opinion publique posent la question de son autonomie vis-à-vis des messages médiatiques auxquels elle est exposée. Les citoyens ont-ils les moyens de résister aux armes de persuasion massive qu'offre aux dirigeants politiques la combinaison des médias et des sondages, qui offre une puissance de diffusion unique à des messages élaborés pour être le plus convaincant possible ? Criblés d'éléments de langage, ne sont-ils pas condamnés à succomber à cette monstrueuse machine de propagande d'État ?

Cette vision guerrière de la communication, qui se définit par la toute-puissance de l'émetteur et la faiblesse passive du récepteur, ne correspond pas à la réalité : « Des messages soigneusement conçus ne sont pas des stupéfiants qui peuvent être injectés dans les veines de citoyens végétatifs[26]. » L'opinion publique n'est pas un réceptacle docile pour les messages politiques.

Elle n'est pas non plus démunie. L'opposition, la diversité des médias, les autorités administratives indépendantes, comme l'Arcom ou la Commission des sondages, sont de puissants boucliers. Les instituts ont tout intérêt économiquement à protéger leur réputation déontologique et à maintenir leur indépendance vis-à-vis du pouvoir, qui demain sera en d'autres mains.

Ajoutons que la manipulation de l'opinion publique à travers des messages bien conçus est vouée à l'échec pour deux raisons : l'incapacité des acteurs politiques à saturer l'ensemble du débat public et la résistance des citoyens[27].

Le succès d'une éventuelle manipulation nécessite que les élites politico-médiatiques parlent d'une seule voix, alors que la cacophonie est la norme. L'information n'est pas uniforme. Le pluralisme est la règle. Les médias ne sont plus aux ordres d'un pouvoir qui les tiendrait en laisse.

Et même si un message unique était martelé sans rencontrer aucune contradiction, il faudrait pour que la manœuvre réussisse que l'opinion publique ne soit pas stable et que ses préférences ne soient pas encore enracinées. Dans le cas contraire, les efforts demeurent stériles.

De leur côté, les citoyens ne sont « ni des ardoises vierges, ni des automates[28] », qui se plieraient complaisamment à tous les efforts d'endoctrinement des gouvernants. Ils construisent leurs interprétations en cherchant à « sélectionner, compléter, rejeter ou définir l'information offerte par les médias, les politiques[29] ».

Les volontés de manipuler ou d'influencer l'opinion indiquent que les gouvernants préfèrent tenter de la faire évoluer plutôt que s'adapter à elle. Ce volontarisme correspond à l'image qu'ils se font de leur rôle : amener l'opinion à rejoindre ses propres convictions, n'est-ce pas la noblesse de leur fonction ? Se résigner à accepter le *statu quo* revient à nier l'essence même de l'action politique, qui vise à transformer le réel.

Ajoutons que les responsables politiques craignent de changer de position. Chercher à convaincre l'opinion de réviser ses choix leur semble préférable à subir la double accusation de versatilité et d'opportunisme. Les acteurs politiques surestiment souvent la capacité d'évolution de l'opinion, sans doute en raison de leur expérience personnelle du suffrage universel.

Dans une campagne électorale, le choix des citoyens peut se transformer dans des proportions considérables sur un temps très resserré. Cette volatilité spécifique est liée à l'intense médiatisation des arguments électoraux et au surcroît d'attention que leur accordent les électeurs qui doivent s'informer pour voter. Elle ne constitue pas le cours naturel du débat public, dont les citoyens sont plus détachés.

Hors période électorale, les gouvernants rencontrent des difficultés réelles à faire évoluer les préférences des citoyens en matière de politiques publiques. Aux États-Unis, le consensus général des diverses recherches réalisées établit que les efforts de persuasion des présidents ont des effets limités sur le grand public[30].

En analysant les variations consécutives à 665 déclarations présidentielles de 1953 à 2001, une étude[31] a démontré que les chefs de l'État n'ont changé favorablement l'opinion que dans 49 % des cas. Si seules les variations positives significatives, c'est-à-dire celles supérieures à 5 points, sont considérées, l'efficacité persuasive n'est avérée que dans 23 % des cas. Et les mouvements sont généralement fugaces.

Ajoutons que si la manipulation de l'opinion était efficace, les gouvernés ne seraient pas aussi désenchantés vis-à-vis de la politique. Le fléau de l'abstention ne sévirait pas avec autant de vigueur. Les gouvernants ne subiraient pas de plein fouet une impopularité endémique. Les projets gouvernementaux recueilleraient un assentiment aussi immédiat que massif.

Et les élections se solderaient toujours par des victoires lumineuses, ce que la réalité des urnes dément régulièrement. En 2005, la campagne électorale du référendum sur le traité établissant une Constitution européenne a ainsi montré qu'une opinion majoritaire ne peut être renversée. L'opinion ne suit ni les élites, ni les journalistes et la volonté de la maîtriser à travers « un contrôle des médias est vouée à l'échec[32] ».

La simple observation des études publiées infirme aussi la thématique éculée de la confection de toute pièce d'une opinion sagement soumise aux gouvernants, subjuguée par leurs propos et acquise à leurs choix. Les résultats des sondages sont souvent le vecteur d'une critique virulente du pouvoir, dont se sert amplement l'opposition. Dans ces conditions, ils apparaissent difficilement comme des instruments à la solde des dirigeants politiques.

Finalement, cette idée que les gouvernants peuvent se servir des sondages « pour manipuler l'opinion à leur guise est un mythe[33] ». Mais l'absence de « manipulation efficace[34] » n'exclut absolument pas la présence dans les rangs des dirigeants politiques de « manipulateurs avides ».

Et la volonté de manipuler l'opinion ne doit pas être confondue avec les efforts faits pour la persuader. La première relève du défaut de probité le plus condamnable. Parfaitement légitime, la seconde cherche sincèrement à convaincre une majorité réticente au nom de l'intérêt général : c'est le comportement de la plupart des acteurs politiques, qui utilisent les études pour comprendre les raisons du décalage entre leurs positions et celles de l'opinion, afin de l'infléchir.

La relation est donc bilatérale : « Le politique prend en compte l'opinion dans son action pour trouver les clés lui permettant de l'inverser. Il est donc à la fois "influencé" mais aussi "influenceur"[35] » note Bruno Jeanbart. L'opinion se trouve dans la même position : elle est influencée par les propos tenus et la politique conduite, tout en exerçant elle-même une influence, que les acteurs politiques peuvent ressentir comme une colossale entrave à leur action.

VII

UNE CONTRAINTE POUR L'ACTION PUBLIQUE

> Inconstante compagne, l'opinion le suit d'un pas capricieux, prête à s'arrêter s'il va de l'avant ou à bondir s'il temporise. L'ingrate tient pour rien les services du gouvernant et, dans le succès même, écoute ses adversaires avec complaisance. Mais qu'il erre, elle le hue, qu'il chancelle, elle l'accable[1].
>
> Charles de GAULLE

UNE RÉDUCTION DE L'AUTONOMIE DES ACTEURS POLITIQUES

L'opinion publique s'est imposée aux gouvernants sous la forme d'une contrainte réduisant leurs marges de manœuvre. La cause de cette perte d'autonomie du politique est à rechercher dans la médiatisation des résultats de trois types d'études. En premier lieu, les sondages d'actualité constituent « une sorte de référendum permanent[2] » de l'action des élus. Chaque réforme projetée, chaque mesure annoncée, chaque parole prononcée est soumise au jugement de l'opinion.

Ensuite, les cotes de popularité agissent à la manière d'un plébiscite répété. Pour ceux qui sont au pouvoir, l'impopularité est le signe d'un désaccord, qui doit être corrigé pour ne pas devenir un désaveu. La récurrence d'un soutien minoritaire, amplifiée par la polyphonie des baromètres publiés, place les personnalités concernées sur la sellette.

Signalons aussi les effets des sondages électoraux. La pratique des intentions de vote a posteriori a été dénoncée comme étant une forme de remise en question du choix des urnes qui sape la légitimité des élus[3]. Symétriquement, les sondages concernant les élections à venir peuvent, selon leur teneur, réduire la latitude d'action des gouvernants, en annonçant leur défaite ou leur départ du pouvoir.

Sondages d'actualité, cotes de popularité, intentions de vote : les publications de ces trois sortes de sondages peuvent produire un climat d'opinion handicapant le travail des gouvernants. Puissants moteurs de l'action publique lorsqu'ils disent l'approbation des citoyens, les chiffres deviennent a contrario de véritables obstacles s'ils traduisent un désaccord de l'opinion.

Dans ce cas, « les sondages sont un cauchemar absolu[4] », se rappelle Tony Blair dans ses mémoires. Pour tous les dirigeants politiques, cette « malédiction des sondages[5] », selon l'expression de Michel Rocard, s'ajoute aux multiples difficultés de l'action gouvernementale.

Cette calamité leur paraît d'autant plus invivable qu'ils ne peuvent y échapper. Dès qu'ils s'expriment dans les médias, les responsables politiques se trouvent confrontés à des données d'opinion concernant leur action, leur popularité, leurs hypothétiques performances électorales et, plus généralement, les avis et les attentes de la population.

Grâce à ces « instruments d'un verdict permanent[6] », les médias peuvent juger l'action des gouvernants et leur opposer une autre légitimité que celle issue des urnes. Ils font ainsi d'une pierre deux coups et remplissent leur fonction de contre-pouvoir et de porte-parole de la population.

Historiquement, les sondages leur ont permis de rompre le cordon ombilical qui les reliait au pouvoir politique. À partir des années 1970, on voit poindre les premiers signes d'émancipation. Les chiffres des enquêtes sont introduits dans les interviews politiques, d'abord pour recueillir une réaction de la personnalité interrogée, puis pour opposer à son discours des données contradictoires, et bientôt pour exiger une explication de tout résultat contraire, quel qu'il soit.

Dans les années 1980, ils sont utilisés pour évaluer les prestations médiatiques des personnalités politiques. Les prises de parole du président de la République sont notamment soumises au jugement de l'opinion. A-t-il été suivi ? A-t-il été convaincant ? Les résultats sont publiés et commentés dans la presse écrite dès le lendemain.

L'émission télévisée *L'heure de vérité* sur Antenne 2 apporte une innovation. Alors même que l'invité politique est interrogé, la SOFRES réalise un « télésondage » par Minitel. En fin d'émission, le sondeur Jérôme Jaffré dresse une analyse comparative des chiffres mesurés avant et après l'interview pour apprécier son impact. L'homme politique doit ensuite réagir à l'évaluation de sa propre performance.

Depuis cette époque, la confrontation des responsables politiques avec les sondages s'est banalisée. Les dirigeants se trouvent dans l'obligation incessante de justifier leurs décisions. Les conceptions les plus excessives vont jusqu'à affirmer qu'il n'existerait « plus de gouvernement en dehors d'une surveillance quotidienne – pourquoi pas heure par heure bientôt ? – de "l'opinion publique", du moins des sondages[7] ».

Saine et démocratique, cette explication continue, imposée par la médiatisation en temps réel de l'opinion publique, constitue *de facto* une limite à la liberté d'action des gouvernants, qui doivent se plier à l'obligation de reddition des comptes. Elle a aussi induit un changement profond du rythme gouvernemental[8].

Au temps long de la Constitution et au temps intermédiaire des institutions, les sondages ont ajouté le temps court : régis par l'actualité, soumis à l'impératif d'immédiateté des médias, ils véhiculent une forme d'urgence. Les dirigeants sont sommés de prendre position aux réactions de l'opinion dans les meilleurs délais, sans toujours avoir pu élaborer une réflexion approfondie.

Dans ces conditions, le contrôle de l'action des gouvernants n'a plus seulement lieu au terme du mandat, lors des élections, ni dans le cadre codifié du parlement. Il s'exerce aussi en continu par les sondages dans les médias, privant les responsables politiques d'une durée utile pour développer leur action.

La force de contention de l'opinion ne s'exerce pas seulement sur le discours des dirigeants politiques. Elle concerne également leur action. L'Empereur lui-même ressentit cet effet d'inhibition à propos d'un de ses projets :

« Je pouvais juger qu'une fois embarqué, la Nation m'eût abandonné. J'ai plus d'une fois sondé l'opinion, essayé de la provoquer, mais en vain, et j'ai pu me convaincre que je n'eusse jamais eu la coopération nationale[9]. »

Aller contre l'opinion, c'est courir le risque d'être rudement critiqué et s'exposer dangereusement à l'accusation du passage en force. Lors du débat sur la réforme des retraites en mars 2023, l'opinion estimait que « la démocratie n'a pas été respectée car cette réforme est rejetée par tous les syndicats, une majorité de Français dans les sondages et des millions de personnes dans les rues » (62 %)[10].

Cette accusation de déni de démocratie rappelle que pour bien gouverner, il convient de disposer d'un minimum de popularité et de confiance. Machiavel enseigne que « pour sauvegarder son autorité, le Prince doit mettre tous ses soins à éviter d'être haï[11] ».

Or, la publication répétée de mauvais sondages constitue un signe de défiance et parfois de rejet. L'élu concerné semble frappé de discrédit. Institutionnellement, il continue de disposer de tous les moyens pour agir. Mais politiquement, sa capacité à gouverner est à la fois contestée et affaiblie. Et son action peut se trouver entravée, voire encalminée. C'est ce qu'a subi François Hollande étiqueté « président le plus impopulaire de la Ve République ».

Au-delà de ce carcan imposé au pouvoir, l'opinion peut orienter l'action gouvernementale. L'épée dans les reins, les responsables politiques seraient contraints d'obtempérer à toutes les injonctions révélées par les sondages, la crainte de représailles électorales exerçant un fort effet incitatif.

Dans les faits, la « pression de l'opinion[12] », qu'éprouvent les dirigeants politiques, concerne principalement les sujets qui focalisent l'attention des citoyens. Ces enjeux saillants ont quelques caractéristiques : ils sont facilement compréhensibles, font l'objet d'une couverture médiatique répétitive et de premier plan, touchent directement la population et lui apparaissent comme de la plus grande importance.

Or, peu d'enjeux appartiennent à cette catégorie. Dans les autres domaines d'action politique, les dirigeants se sentent autorisés à prendre plus de distance par rapport aux préférences des citoyens, qui parfois ne sont même pas mesurées par les sondages. Leur autonomie est d'autant plus forte que les éventuelles conséquences électorales négatives leur paraissent faibles, voire inexistantes.

Cette situation pose deux questions. Les politiques ignorent-ils de traiter des sujets importants dans l'absolu mais négligés par l'opinion ? À l'inverse, ressentent-ils l'obligation d'apporter des réponses à des thèmes secondaires mais qui préoccupent la population ?

Dans le cas des projets les plus visibles politiquement, et donc porteurs d'un risque électoral, une vigilance active s'impose. Cette nécessité est vitale pour les responsables politiques, dont la survie au pouvoir dépend de la capacité à lire correctement et rapidement l'opinion et, surtout, à anticiper son évolution.

Comme le relevait Alfred Sauvy, « tous les hommes placés dans la vie publique doivent "savoir nager". Il importe pour eux d'être avertis le plus tôt possible de tout courant d'opinion[13] ». À défaut de pouvoir surfer sur la vague, il faut éviter d'être submergé, danger conceptualisé sous le nom de risque d'opinion.

L'APPRÉHENSION NÉCESSAIRE DU RISQUE D'OPINION

Cette notion est apparue dans le débat public à l'aube des années 2000, importée du monde des affaires au moment où les entreprises prenaient conscience des effets néfastes qu'une éventuelle crise de communication pouvait avoir sur leur activité économique.

Elle désigne l'éventualité pour une politique publique d'être contrecarrée, dans son élaboration ou son application, par les diverses expressions de l'opinion publique (sondages, manifestations, grèves, pétitions, abstention...). Pour les dirigeants politiques, il est nécessaire d'évaluer ce risque, pour mieux l'anticiper et le gérer.

Or, les sondages ont pour fonction de limiter l'aléa qui affecte l'évolution du jeu politique. Ils permettent d'attribuer des probabilités d'occurrence aux divers scénarios qui pourraient survenir. Grâce à ce calcul, les chances de réussite d'un projet ou d'une réforme peuvent être évaluées. L'incertitude cesse d'être absolue. L'environnement politique peut être maîtrisé, condition première de l'action.

Le risque d'opinion évolue selon l'état d'avancement de la politique publique. Virtuel au moment de son élaboration, il peut s'accroître dangereusement au moment de sa mise en œuvre et dégénérer en crise d'opinion.

Pour les dirigeants politiques, les conséquences prennent alors des formes multiples. Il peut s'agir d'un blocage temporaire dans le processus de vote d'une politique publique, entraînant un simple retard de son application. De façon plus grave, un projet ambitieux peut se trouver dévitalisé sous la pression de l'opinion et aboutir finalement à quelques mesures d'ordre symbolique.

Un projet de politique publique contesté par l'opinion peut également faire l'objet d'un retrait définitif de la part du pouvoir. En mars 1994, deux tiers des Français jugent négative l'instauration par le gouvernement d'Édouard Balladur du contrat d'insertion professionnelle, dont l'abandon est majoritairement souhaité (64 %)[14]. Le Premier ministre choisit de battre en retraite et préserve l'essentiel de sa popularité.

Les pertes dans l'opinion peuvent être beaucoup plus marquées en cas de retrait d'un texte. À l'automne 1995, un vaste mouvement de grèves éclate en France, en opposition au plan de réforme des retraites et de la Sécurité sociale d'Alain Juppé. 62 % des Français « soutiennent » ou « ont de la sympathie » pour le mouvement social[15]. Selon l'Ifop, la cote de popularité du Premier ministre plonge (30 %, -12 points) et entraîne celle du président (34 %, -8 points). Face à l'ampleur de l'opposition, le texte est retiré.

À la suite de ce conflit ouvert avec l'opinion, Alain Juppé a connu une dégradation durable de son image. Il fut néanmoins maintenu à son poste. D'autres dirigeants ont été sacrifiés pour résoudre une crise d'opinion. En 1984, le renvoi du ministre de l'Éducation nationale et du Premier ministre a endigué le mouvement de l'École libre, en appliquant une logique politique ancienne : changer les hommes pour ouvrir une nouvelle étape.

Dans la mesure où ses conséquences ont un coût potentiellement très élevé, les responsables politiques cherchent à identifier précisément la nature et l'ampleur du risque d'opinion. Cette évaluation doit leur permettre de le circonscrire et ainsi pouvoir appliquer la politique qu'ils souhaitent mettre en œuvre, tout en s'exposant le moins possible à des pertes en termes de capital politique.

Mais l'impossibilité de connaître précisément les réactions de l'opinion publique est une limite irréductible de l'anticipation du risque d'opinion. Le passage du test de laboratoire, des conditions hypothétiques de l'étude d'opinion, à la réalité de l'annonce et de l'application d'une réforme avec ses conséquences concrètes, n'est pas neutre.

Reflet ponctuel de l'état des forces en présence, les sondages ne peuvent anticiper l'évolution de l'opinion, dans la mesure où elle dépend essentiellement des dynamiques du débat politique. De mauvais sondages initiaux ne sont pas l'indice d'une réforme nécessairement vouée à l'échec, s'ils sont analysés pour mettre en place une stratégie de conquête et de persuasion de l'opinion.

Inversement, des basculements d'opinion peuvent surgir pendant la crise, comme ce fut le cas lors du conflit lié au contrat première embauche en 2006. Initialement, les jeunes exprimaient un rejet de ce projet qui ne semblait pas insurmontable. Puis, progressivement, le travail de l'opposition et des syndicats de salariés, associé à une série de manifestations étudiantes, a radicalisé leur opinion. Début mars, 77 % d'entre eux (soit 15 points de plus que l'ensemble des Français)[16] considéraient que cette réforme aggraverait leur précarité.

Face à la contestation, le Premier ministre Dominique de Villepin a adopté un comportement inflexible, notamment pour démontrer aux électeurs de droite qu'il disposait d'une détermination équivalente à celle de Nicolas Sarkozy, son rival pour l'élection présidentielle de 2007. Sa rigidité renforça l'opposition. Le texte fut officiellement abandonné le 10 avril 2006, emportant avec lui l'ambition présidentielle du locataire de Matignon.

Cet épisode, comme celui des Gilets jaunes ultérieurement, confirme que les études d'opinion se révèlent impuissantes à prévoir les crises sociales intenses. Déjà en 1972, l'éditorialiste du *Monde* Pierre Viansson-Ponté intitulait un article « les sondages n'annoncent pas la révolution[17] ».

S'ils n'anticipent pas les convulsions sociales, c'est parce qu'ils n'en ont pas la capacité. Même s'ils sont en mesure de décrire correctement les configurations inflammables, ils ne peuvent identifier a priori et avec certitude l'élément détonateur qui allumera le grand incendie. Les responsables politiques, qui redoutent tous de devenir des grands brûlés, mesurent mal cette limite et attendent parfois que les sondages en disent plus qu'ils ne peuvent.

L'évaluation du risque d'opinion reste donc précaire. Une seule certitude : il apparaît et croît lorsque la politique conduite diverge par rapport aux souhaits des citoyens. Dans la mesure où les sondages ont atténué la difficulté technique de la représentation qui consiste à savoir ce que souhaite l'opinion, les gouvernants sont davantage contraints non seulement de l'écouter, mais aussi et surtout de mettre en œuvre ses attentes.

LA DIFFICILE PRISE EN CHARGE DES ATTENTES DE L'OPINION

Depuis les sondages, il est devenu impossible pour les gouvernants d'arguer de l'expression confuse de l'opinion pour préserver une autonomie totale d'action. La nécessité de répondre aux attentes du peuple n'est plus un simple impératif théorique : elle est devenue une exigence, dont la mise en pratique caractérise la *responsiveness* des responsables politiques.

Forgé par Roland Pennock en 1952, ce terme désigne la capacité des gouvernants à « refléter et exprimer la volonté du peuple[18] ». Il est au cœur de la théorie classique de la démocratie, régime dans lequel les élus ont pour rôle premier d'exercer le pouvoir (*krátos*), qu'ils tirent du peuple (*dêmos*). Ils élaborent une politique dans l'intérêt des gouvernés et cherchent à mettre en œuvre leurs souhaits : les politiques publiques et les préférences des citoyens doivent être alignées. C'est la condition d'une représentation légitime.

Dès lors, la configuration parfaite, qui doit constituer le but ultime du pouvoir, est simple à formuler : « Un gouvernement démocratique idéal serait celui dont les actions seraient toujours en correspondance parfaite avec les préférences de tous ses citoyens[19]. » Le moyen d'obliger le personnel politique à rester en contact étroit avec l'opinion publique réside dans la menace de la sanction électorale.

Simple d'accès en apparence, ce concept de *responsiveness* soulève des difficultés pratiques importantes. Les gouvernants doivent-ils répondre à tous les souhaits de la population ou bien uniquement à ceux qui sont exprimés avec le plus d'intensité ? Toutes les demandes de l'opinion sont-elles recevables ? Comment distinguer celles qui imposent une réponse immédiate des autres ? Faut-il répondre à une opinion dès qu'elle est exprimée ou attendre qu'elle se solidifie ? Que faire quand les avis sont mitigés ?

Pour comprendre les réponses apportées par les dirigeants à ces questions, il faut évaluer la « congruence politique[20] », c'est-à-dire la rencontre entre la politique appliquée et les souhaits des citoyens. Dans ce domaine, plusieurs modèles de relations sont envisageables.

Baptisé « lien démocratique », un premier modèle voit l'opinion comme une force capable d'influencer les gouvernants. Les politiques publiques se trouvent donc à l'unisson des attentes de la population.

Un autre modèle considère que les élus tiennent peu compte de l'opinion, qui est souvent en désaccord avec les politiques appliquées. Les citoyens en conçoivent une forme de « frustration démocratique ». Une étude poussée, comparant sur la longue durée un volumineux corpus de sondages avec le contenu des politiques publiques[21], a montré que ce modèle correspond le plus à la réalité.

Les chiffres confirment ce décalage, observé depuis plusieurs années : 68 % des Français estiment que les élus ne comprennent pas les attentes des citoyens et ne les prennent pas en charge[22]. Le lien de confiance entre les gouvernés et les gouvernants s'en trouve nécessairement altéré et connaît un redoutable délitement aux manifestations multiples. Cette crise atteint tout le personnel politique. Implacables, 68 % des Français jugent qu'en règle générale les élus et les dirigeants politiques français sont « plutôt corrompus ».

À l'exception notable du maire de sa commune (60 %), tous les élus font l'objet d'une confiance minoritaire : le conseiller départemental (47 %), les conseillers régionaux, malgré leur élection en binôme paritaire (45 %), le député (39 %), les députés européens (35 %), le Premier ministre (35 %) et surtout le président de la République (29 %)[23].

L'un des effets les plus lisibles de ce discrédit réside dans la réduction de la période pendant laquelle le président de la République bénéficie d'une cote de popularité supérieure à 50 %. Hormis Charles de Gaulle et Georges Pompidou, qui font figure d'exception puisque leur popularité a été majoritaire pendant 95 % et 98 % de leur mandat, aucun président n'a su conserver une popularité égale ou supérieure à 50 % au cours de la plus grande partie de son passage à l'Élysée[24].

Les cotes de popularité de Valéry Giscard d'Estaing, François Mitterrand et Jacques Chirac furent minoritaires pendant respectivement 57 %, 77 % et 54 % de leur passage à la tête de l'État. Depuis 2007, l'impopularité présidentielle est devenue chronique : Nicolas Sarkozy (87 %), François Hollande (93 %) et Emmanuel Macron (93 % pendant son premier quinquennat) ont dû y faire face presque systématiquement.

Cette défiance généralisée dépasse les élus. Le Conseil départemental (51 %), le Conseil régional (49 %), l'Union européenne (37 %), la présidence de la République (31 %), l'Assemblée nationale (29 %) et le gouvernement (28 %) : toutes les institutions sont frappées, même celles dont les membres sont élus indirectement comme le Sénat (35 %) ou nommés comme le Conseil constitutionnel (40 %) ou le Conseil économique, social et environnemental (38 %). À nouveau, seul le Conseil municipal est épargné (59 %).

La politique elle-même connaît une désaffection profonde. Méfiance, dégoût, ennui et peur : 74 % des citoyens éprouvent en priorité des sentiments négatifs lorsqu'ils pensent à elle. Ce rejet actuel attaque l'attention portée à la politique en général : 51 % des Français disent s'y intéresser, soit un niveau d'intérêt beaucoup plus faible qu'en Allemagne (77 %) et en Italie (58 %).

Bref, le prestige de l'élu s'est évaporé. La respectabilité des institutions est en voie d'extinction. La vie politique ressemble à un jeu d'ambitions sordides. Et la France se singularise comme « le pays de la défiance politique en Europe[25] ».

Aux racines de ce malaise démocratique se situe le sentiment que les gouvernants ne sont pas en phase avec la vie quotidienne des gouvernés. En 2024, plus des trois quarts des Français se montrent d'accord avec l'idée selon laquelle « les responsables politiques sont déconnectés de la réalité » (76 %). Depuis 2014, l'application du non-cumul des mandats a sans doute contribué à entretenir cette distance ressentie par les citoyens.

Or, la proximité constitue la première attente adressée aux élus. Un bon leader politique est avant tout quelqu'un qui sait « être proche des préoccupations des citoyens[26] » (51 %). Cette perte d'adhérence est vue comme le signe d'une indifférence grandissante. 81 % des Français estiment qu'en général les responsables politiques se préoccupent « peu » ou « pas du tout » de ce que pensent les gens comme eux[27].

Au cœur de la problématique démocratique actuelle se loge le sentiment immensément répandu chez les citoyens que leur opinion ne compte pas pour des gouvernants qui semblent se replier sur eux-mêmes.

Ce fossé qui se creuse entre des dirigeants et la population fait l'objet d'une lecture sociale : deux tiers des Français estiment que « les différences politiques entre les citoyens ordinaires et les élites sont plus grandes que les différences entre citoyens » (68 %). Peu à peu, le sentiment d'être marginalisé se mue en perception d'être exclu d'un système politique qui mépriserait la population et tiendrait en quantité négligeable ses attentes.

Voilà un combustible parfait pour l'abstention : pourquoi voter si les choix exprimés par le vote ne sont pas pris en compte ? L'épisode du référendum de 2005, dont la décision a été contournée par le traité de Lisbonne de 2007, est régulièrement avancé pour étayer cette thèse. Une spirale négative se met alors en place : une participation électorale anémiée affaiblit la légitimité des élus, ce qui accroît la défiance et nourrit le retrait civique[28].

Se sentant déçus, et même trahis, par leurs représentants d'une part, impuissants à imposer la prise en charge de leurs attentes d'autre part, les citoyens réclament un changement drastique du comportement des élus. L'attente d'une meilleure écoute est omniprésente : 79 % des Français estiment que « les politiques devraient davantage écouter l'opinion des citoyens, quitte à changer leurs décisions[29] ».

Ils cherchent aussi de plus en plus à reprendre le contrôle par d'autres moyens que le vote, dont l'efficacité recule. En 2023, 53 % des Français estiment que voter aux élections « permet aux citoyens d'exercer le plus d'influence sur les décisions prises en France », contre 67 % en 2010. Le dégagisme, cette puissante vague de renouvellement du personnel politique qui a déferlé en 2017, n'a pas enrayé cette tendance.

Cette volonté de se faire entendre se traduit notamment par l'attente de l'instauration de différents outils, comme le référendum d'initiative citoyenne (RIC), dont la mise en œuvre facilitée est souhaitée par 73 % des Français[30], ou le référendum révocatoire, qui donne la possibilité de destituer un élu de ses fonctions. Aux États-Unis, cette procédure de rappel (*recall*) a permis de démettre le gouverneur de Californie en 2003.

Rupture démocratique, crise de confiance, malaise politique… quel que soit le nom donné à ce phénomène, le diagnostic est clairement posé. Tous les indicateurs d'opinion sonnent le tocsin depuis plusieurs années. Mais les gouvernants semblent murés dans la surdité. Ce détachement apparent illustre un phénomène contre-intuitif dans les relations qu'entretiennent les dirigeants politiques avec l'opinion publique.

De prime abord, il peut sembler logique de considérer qu'une baisse de popularité et/ou une dégradation des données d'opinion incite les gouvernants à comprendre et répondre davantage aux attentes de la population. En réalité, leur attention est la plus soutenue quand tous les chiffres sont positifs, en début de mandat par exemple. Ils se montrent alors particulièrement attentifs à l'opinion, dont ils souhaitent conserver le soutien.

Quand les indicateurs d'opinion se dégradent, les interrogations apparaissent : quelles sont les causes de cette situation ? Est-elle réversible ? Que convient-il de faire pour enrayer la baisse ? Des actions correctives peuvent être mises en place. Mais si le déclin se poursuit, alors l'attention à l'opinion publique se relâche. De guerre lasse, les dirigeants se replient sur la base de plus en plus étroite de leurs sympathisants[31], afin de la stabiliser et de la protéger.

Ce faisant, ils perdent progressivement le contact avec l'opinion, ce qui a pour effet d'amplifier leur impopularité et de détériorer encore leur position. La conclusion de ce phénomène est lourde de conséquences : ce n'est pas la déconnexion avec les citoyens qui crée le déclin dans l'opinion, c'est le déclin dans l'opinion qui crée la déconnexion avec les citoyens[32].

Cette situation interroge sur l'utilité de l'appareil d'évaluation de l'opinion à disposition des gouvernants. Jamais l'opinion des citoyens n'a été autant auscultée par les gouvernants. Et pourtant, jamais les gouvernés ne se sont sentis aussi incompris, et même abandonnés, par un pouvoir qui semble lointain et détaché de leurs préoccupations essentielles.

D'où provient cette contradiction ?

VIII

LES CAUSES DE L'ABSENCE DE PRISE EN COMPTE DE L'OPINION

> Jusqu'où Moïse serait-il allé s'il avait fait un sondage en Égypte ? Qu'aurait prêché Jésus-Christ s'il avait organisé un sondage en terre d'Israël ? Que serait-il advenu de la Réforme si Martin Luther avait fait un sondage ? Ce ne sont pas les sondages ou l'opinion publique du moment qui comptent. C'est le bien et le mal et le *leadership*[1].
>
> Harry TRUMAN

UNE PRATIQUE GOUVERNEMENTALE DÉNIGRÉE

La crise de confiance politique qui empire en France met aux prises une opinion publique qui s'époumone à exprimer ses attentes et des gouvernants qui semblent faire la sourde oreille à ses demandes. Plusieurs explications peuvent être avancées pour comprendre cette grande coupure démocratique, qui n'est pas une spécificité française.

Nous avons déjà écarté le manque d'information sur les préférences des citoyens : la surdité volontaire vis-à-vis de l'opinion existe encore sans doute parmi le personnel politique, mais ce comportement est résiduel. Les gouvernants ont conscience de la demande citoyenne grâce aux études d'opinion, qui jouent avec rigueur et constance leur rôle de porte-parole.

Une deuxième hypothèse suggère que les élus répondent uniquement au « public expressif » (*vocal public*[2]) c'est-à-dire à tous les groupes mobilisés pour soutenir une cause (partis politiques, syndicats, associations…). L'influence de l'opinion sur les politiques publiques serait contrariée par l'intervention de ces acteurs, qui utiliseraient leur accès privilégié au pouvoir pour faire passer leurs intérêts avant ceux de la population.

Cette thèse de la trahison des élites est contredite par le fait que ces acteurs accroissent aussi le pouvoir de l'opinion : mieux organisés, ils fournissent aux responsables publics de l'information sur les attentes des citoyens et jouent ainsi un rôle d'intermédiaires utiles. Dans cette perspective, la capacité de l'opinion à imposer ses demandes dépendrait d'un jeu de contraintes entre diverses forces sociales.

Le rejet des demandes de l'opinion peut aussi résulter d'un examen critique au terme duquel les dirigeants ne les jugent pas recevables, parce qu'ils les désapprouvent idéologiquement, les perçoivent comme irréalistes ou jugent qu'elles ne correspondent pas à leur vision de l'intérêt général. Mais ces causes ponctuelles ne suffisent pas à expliquer le manque global de *responsiveness*.

De façon plus structurelle, la réticence des gouvernants à prendre en compte l'opinion provient du dénigrement profond de cette pratique, qui va jusqu'à être présentée comme un dérèglement frénétique de l'exercice du pouvoir. Aussi appelée « doxophrénie[3] », la « sondomanie[4] » désigne un trouble mental fictif dans lequel l'esprit se fixerait sur un seul point : réaliser des sondages, toujours, toujours plus et sur tous les sujets.

Comme tous les syndromes obsessionnels, il se traduit par la mise en place d'un comportement répétitif, irrépressible et surtout irraisonné. Car c'est bien une attitude irrationnelle qu'entend dénoncer cette fausse pathologie, qui correspond toujours à une critique du pouvoir. Plusieurs chefs d'État ont été ciblés et accusés d'exercer une « présidence par les sondages[5] » (*poll-driven presidency*).

Bill Clinton est l'homme politique le plus associé à la sondomanie en raison de son utilisation extensive des sondages, devenue plus qu'une habitude de travail. Son conseiller Dick Morris prêtait le bâton pour se faire battre : « Le Président Clinton utilise les sondages aussi souvent qu'il respire. Je ne pense pas qu'il y ait un seul domaine de la vie américaine sur lequel il n'ait pas sondé[6]. » En France, Nicolas Sarkozy, surnommé « l'obsédé des sondages[7] », s'est vu reprocher « de diriger les yeux rivés sur les sondages[8] ».

Au-delà des anathèmes, plusieurs arguments ont été avancés pour délégitimer le recours aux études d'opinion. D'abord, consulter l'opinion requiert du temps, ce qui ferait perdre en efficacité l'action exécutive. Alors que l'exigence de réactivité imposée aux dirigeants se fait de plus en plus forte et que les attentes de résultats sont soumises à une impatience croissante, la réalisation des études est présentée comme un luxe chronophage.

Ensuite, les études d'opinion fourniraient aux décideurs publics une information difficilement exploitable.

Sur beaucoup de sujets, la voix du peuple reste inintelligible. Atteinte d'aphasie, elle apporterait un secours très réduit lorsqu'il s'agit de trancher des affaires complexes. Et même si elle était toujours compréhensible, sa parole resterait indigne de confiance.

Les résultats des sondages restituent les propos des personnes interrogées, qui sont affectés de nombreux biais déclaratifs, comme le mensonge, l'oubli, l'approximation... Cette fragilité intrinsèque les rendrait inaptes à participer à la décision politique. Le Président Truman notait : « Les sondages ne représentaient pas des faits, mais de simples spéculations, et j'ai toujours placé ma confiance dans les faits connus[9]. »

Autre limite, les sondages recueilleraient des préférences idéales, formulées dans l'absolu et sans tenir le moindre compte des exigences budgétaires, légales ou réglementaires, environnementales, sociales, et bien sûr électorales, qui pèsent sur les choix politiques. À la différence des interviewés, les élus doivent arbitrer entre divers impératifs pour aboutir souvent à des choix sous-optimaux.

Ajoutons que les réponses des participants à une enquête d'opinion ne les engagent en rien, alors que les gouvernants doivent répondre des conséquences de leurs choix. Ainsi, les souhaits exprimés dans les sondages n'auraient que peu de choses en commun avec les décisions que doivent prendre les dirigeants politiques, ce qui amoindrit fortement l'utilité des données d'opinion.

De la même façon, l'opinion restituée par les sondages apparaît comme étant statique. Témoins de l'instant, les sondages fixent l'attention des hommes politiques sur le présent, ce qui est incompatible avec la tâche des gouvernants : voir loin pour construire l'avenir.

Pour faire prévaloir le bien commun à long terme, les acteurs politiques sont parfois contraints d'agir en déviant des attentes immédiates de l'opinion. C'est l'argument utilisé par Emmanuel Macron le 22 mars 2023, à propos de l'opposition des Français à sa réforme des retraites : « Entre les sondages, le court terme et l'intérêt général du pays, je choisis l'intérêt général. »

Dès lors, prendre en compte cette opinion publique incapable de se projeter sur la longue durée présente un risque et peut produire de « la myopie stratégique[10] ». Mis en évidence par Henry Kissinger, ce comportement consiste pour les gouvernants à se focaliser sur le prochain scrutin électoral car leur survie au pouvoir en dépend : leur vision politique cesse d'être nette au-delà de cette échéance.

Pour gagner ou reconquérir l'opinion, ils choisissent d'appliquer des politiques de court terme, en espérant qu'elles produiront des fruits positifs visibles rapidement par les électeurs, qui leur en sauront gré en les réélisant. Or, par nature, les effets de ces politiques sont généralement réduits et passagers. Les dirigeants donnent ainsi l'impression d'obtenir de moins en moins de résultats, ce qui favorise leur échec dans les urnes, soit la conséquence inverse de celle qui était recherchée.

Un autre reproche est adressé à l'utilisation des sondages par les gouvernants : rechercher à conserver la confiance de l'opinion produirait de l'immobilisme politique. Les élus peuvent être guidés par une volonté d'« évitement de la sanction[11] » que peut leur infliger l'opinion et qui prend diverses formes (perte de popularité, défaite électorale...).

Cette attitude se traduit par une grande prudence et peut amener à différer des décisions nécessaires mais impopulaires. Écouter l'opinion reviendrait alors, au pire, à se condamner à l'inaction, au mieux, à étouffer la spontanéité créative de l'action politique. Les sondages conduiraient à privilégier la sécurité de politiques publiques éprouvées et consensuelles, au détriment de solutions inédites et audacieuses, plus risquées mais aussi potentiellement plus efficaces.

Autre argument répulsif, la prise en compte de l'opinion serait l'expression d'un nombrilisme dégradant, qui détournerait l'homme d'État de sa tâche. À un observateur qui estimait que le conflit mondial imposait aux gouvernants de rester à l'écoute de la population, Winston Churchill rétorquait dans un discours en date du 30 septembre 1941 : « Rien n'est plus dangereux en temps de guerre que de vivre dans l'atmosphère capricieuse d'un sondage Gallup, toujours à sentir son pouls et à prendre sa température[12]. »

Plus fondamentalement, les sondages ne sauraient prétendre restituer toute l'opinion publique, qui s'exprime par d'autres voies : la manifestation, la grève, la pétition et évidemment le vote. Version dégradée de l'opinion véritable qui se construit dans le cadre d'un échange social, l'« opinion publique sondagière[13] » ne peut donc pas présenter la même valeur pour les responsables politiques.

Les sondages favoriseraient aussi une conception atomiste de l'opinion. Ils inciteraient à penser l'organisation sociale en termes d'addition d'individus, et non de façon globale. Ils inviteraient à privilégier la majorité et non à rechercher le consensus. Or, la société ne peut être considérée comme un simple « agrégat d'individus disparates » et l'opinion publique « comme une distribution quantitative d'opinions individuelles[14] ».

L'intérêt majoritaire et l'intérêt général ne se confondent pas toujours : seul le dernier doit importer aux gouvernants. Pour les responsables politiques, faire prévaloir la majorité est porteur d'un risque pour les minorités, dont les droits pourraient se trouver bafoués. Se reposer trop sur les sondages pourrait ainsi conduire à une « tyrannie de la majorité[15] », contre laquelle mettait en garde Alexis de Tocqueville. Il faut donc s'en défendre énergiquement.

Allons plus loin. La démocratie commande de résister au « poujadisme permanent[16] » que véhiculeraient les sondages, qui sont accusés d'avoir perverti l'opinion. Victime « d'instruments de mesure qui l'ont rendue folle[17] », elle ne serait plus qu'un « élément dévergondé, débridé, erratique de nos sociétés » pilonne l'historien Jean-Jacques Becker. Ainsi, la prise en compte des sondages conduirait à propager un populisme rampant que le sens de l'État impose de dédaigner.

Citons enfin un dernier motif de disqualification de l'usage gouvernemental des sondages, mis en exergue par le libertarianisme. Ce courant politique opposé à l'étatisme dénonce dans la *responsiveness* une attitude en apparence bienveillante, qui en réalité masque un grave danger démocratique.

Les enquêtes que l'État conduit recueillent l'expression par les citoyens de demandes d'assistance et de générosité toujours plus importantes. Serviteur et protecteur, l'État se propose de combler ces besoins légitimés par les chiffres des études d'opinion. L'élargissement de sa taille et de son périmètre d'intervention trouve une justification idéale. Les sondages favoriseraient ainsi l'extension de la machine étatique (*Big Government*) et l'accroissement de l'État-providence (*Welfare State*)[18].

Le risque est alors celui d'un retour à une forme d'absolutisme. Plus rien ne freinerait la tendance naturelle de l'État à repousser ses limites. Insidieusement, ce qui est perçu comme l'accomplissement démocratique par excellence, c'est-à-dire apporter une réponse aux souhaits des citoyens, peut se retourner contre la démocratie elle-même, en accentuant l'emprise de l'État sur la société.

Récapitulons les préventions contre l'utilisation des études d'opinion dans le processus de gouvernement : perte de temps, distraction égoïste, absence de fiabilité des données, accroissement du risque d'inaction, entrave à l'innovation politique, réduction illégitime de l'opinion aux seuls sondages, menace pour les minorités, renforcement de l'étatisme… Comme à Azincourt, une pluie de projectiles s'abat à jet continu sur l'homme politique qui veut faire usage des sondages dans son action.

Une autre norme exerce un effet limitant : un politique authentique doit savoir ne pas tenir compte de l'opinion.

Le devoir de l'homme d'État : prendre le risque de l'impopularité

Pour tout acteur politique, le rapport à l'opinion dans l'exercice du pouvoir prend nécessairement un aspect personnel qui le soumet à un dilemme classique : gouverner ou plaire ? La possibilité de conjuguer ces deux objectifs fait l'objet d'une interrogation sans cesse renouvelée par la publication des sondages. La popularité peut alors devenir pour le gouvernant une source de conflit entre la satisfaction de son ego et la recherche de l'intérêt général.

Cet enjeu psychologique renvoie aussi à une motivation puissante de l'engagement politique : la recherche de la gloire. Ce moteur intime est évident dans le cas de Jacques Necker : « S'il a pareillement cherché à dialoguer avec l'opinion et à s'attirer ses suffrages, c'est probablement aussi dans le but de satisfaire sa grande soif de renommée[19] » écrit son biographe.

Cet « amant de la gloriole[20] » n'est pas un cas isolé : à toutes les époques, il est aisé de repérer ces hommes et femmes politiques énamourés d'eux-mêmes, pour qui les sondages peuvent être « un nectar savoureux[21] ». Si elle perce souvent involontairement, cette fatuité n'est pas assumée au grand jour, tant elle semble incompatible avec l'abnégation requise par la fonction politique.

Tenir compte de la popularité n'est pas admis comme un critère pertinent pour la décision et l'action politiques. Et accroître la ferveur des citoyens à son égard ne saurait constituer un objectif de la politique mise en œuvre. Prêter attention ou utiliser les sondages équivaut ainsi à être perçu comme un dirigeant politique sans envergure, un médiocre politicien.

A contrario, l'homme d'État véritable est souvent présenté comme celui qui sait braver l'opinion majoritaire et prendre le risque d'une perte de crédit personnel. Suétone déjà indique que l'empereur Auguste veillait à rechercher « le bien public plutôt que la popularité[22] ». Pour Harry Truman, « un homme qui est influencé par les sondages ou qui a peur de prendre des décisions qui pourraient le rendre impopulaire n'est pas un homme pour représenter le bien-être du pays[23] ».

Prendre le risque de l'impopularité est ainsi vu comme un signe de courage politique. La proposition d'abolir la peine de mort émise par François Mitterrand lors de la campagne présidentielle de 1981 est régulièrement citée en exemple d'une mesure courageuse prise à l'encontre des Français, qui adhéraient alors majoritairement à la peine capitale (63 %[24]).

En réalité, cette annonce, qui correspondait à une conviction profonde du candidat socialiste, présentait un risque électoral limité. Elle était soutenue par son électorat et ne constituait pas un enjeu central du débat. En revanche, elle permettait de dépeindre François Mitterrand comme un homme de principes, aux antipodes de l'image d'opportuniste politique qui était la sienne naguère, une « arsouille[25] » selon le mot du général de Gaulle en 1965.

Ce courage d'aller à l'encontre de l'opinion et d'accepter d'en payer le prix en termes de popularité, est considéré comme une preuve de leadership. Les responsables politiques revendiquent cet attribut des hommes d'État. Citons par exemple le Président Emmanuel Macron en 2023 : « S'il faut endosser l'impopularité, je le ferai[26]. »

La Constitution favorise cette autonomie du chef de l'État vis-à-vis de l'opinion, à travers la dyarchie. Dans la répartition des rôles au sein du couple exécutif, le Premier ministre a d'une certaine manière pour fonction d'être le réceptacle de l'impopularité. Plus exposé dans l'élaboration et la conduite de la politique du gouvernement, il concentre les critiques et protège de ce fait le président de la République.

L'analyse historique des cotes de popularité mesurées par l'Ifop depuis 1958 confirme ce découplage. La popularité moyenne de Charles de Gaulle (59 %) dépasse amplement celle de ses trois Premiers ministres (41 %) : aucun d'entre eux ne fut une seule fois plus populaire que l'homme du 18 juin. Georges Pompidou fut, lui aussi, plus populaire en moyenne que Jacques Chaban-Delmas et Pierre Messmer (59 % contre 50 %). Même constat pour Valéry Giscard d'Estaing (49 % contre 37 %).

Avec le double septennat de François Mitterrand, un équilibre s'établit entre la popularité du chef de l'État et celle du chef du gouvernement (42 % contre 40 %). La tendance est identique pour les deux mandats de Jacques Chirac (47 % contre 44 %). Périodes d'union nationale, les trois cohabitations que traversent ces deux présidents rehaussent en tendance la popularité des Premiers ministres concernés.

Le mandat de Nicolas Sarkozy constitue une rupture. Pour la première fois, la popularité moyenne du président est largement inférieure à celle de son Premier ministre, François Fillon (39 % contre 51 %). L'activisme de l'hyperprésident crée de la confusion avec le rôle du Premier ministre.

François Hollande est lui aussi plus impopulaire que ses Premiers ministres (25 % contre 38 % en moyenne) : sur 60 mesures effectuées de 2012 à 2017, sa popularité n'a dépassé celle des chefs de son gouvernement qu'à une seule reprise ! Lors de son premier quinquennat, Emmanuel Macron parvient à un rééquilibrage (39 % contre 40 %), mais sans pouvoir bénéficier du bouclier que constituait Matignon dans les premières décennies du régime.

L'impopularité est ainsi devenue la norme. Elle inquiète pour des raisons électorales, mais n'a que peu d'effets sur l'action gouvernementale. D'une manière générale, elle n'entraîne ni de réorientation, ni même de remise en question de la politique conduite. Malgré la dégradation de leur popularité, les dirigeants politiques demeurent convaincus de la pertinence de leur ligne. François Mitterrand prévenait ainsi de sa détermination : « Je poursuivrai, s'il le faut, cette politique jusqu'à ce que ma cote tombe à zéro[27]. »

La cause est entendue. Pour s'élever au-dessus du marigot politique, un authentique homme d'État doit savoir se montrer indifférent et même mépriser la popularité. Devenir impopulaire est un risque à courir pour mettre en œuvre les mesures qu'on croit utiles à la nation et se rendre digne de la fonction exercée.

Un autre facteur majeur abîme la fluidité du « lien entre les sondages et la politique publique » (*polling-policy connection*[28]) : la dévalorisation de la nature même de l'opinion, qui invite les dirigeants politiques à s'en détourner avec une condescendance souveraine.

Le triangle dépréciatif de l'opinion

Le frein majeur qui empêche les gouvernants de répondre aux demandes des citoyens réside dans leurs conceptions erronées de l'opinion. Elle est jugée inconstante, incohérente et incompétente. Voyons comment se dessine ce triangle dépréciatif.

Premier angle de critique : l'inconstance. Il ne faut pas prendre en compte l'opinion en raison de ses fluctuations erratiques, qui s'opposent à la nécessité de tenir une ligne de conduite politique cohérente. Impulsive et irréfléchie, cette créature frivole serait sujette à des retournements rapides et connaîtrait des palinodies fréquentes.

Pour parfaire le dénigrement, une pointe de misogynie est parfois ajoutée : « Il est de l'essence de l'opinion publique d'être, comme les femmes, *varium et mutabile semper*[29] », osait écrire Carroll Mason Sparrow. La conclusion sous-entendue est claire : souvent opinion varie, bien fol est qui s'y fie.

Registre d'évocation régulièrement investi par les hommes politiques, cette variabilité supposée a même fait l'objet d'une conceptualisation. Une « théorie de l'humeur[30] », selon laquelle l'opinion en matière de politique étrangère connaîtrait des oscillations importantes, a été élaborée dans les années 1950 par Gabriel Almond. Elle disqualifiait complètement cette Circé capable de toutes les métamorphoses.

En réalité, ce « mythe du changement capricieux[31] » de l'opinion n'a pas de fondement. Dès les années 1970, la fausseté de cette hypothèse était facilement démontrée[32]. L'examen des préférences collectives concernant les politiques publiques sur la longue durée se caractérise par la stabilité. Les préoccupations des Français ont ainsi été dominées pendant une quarantaine d'années par la lutte contre le chômage, jusqu'à ce qu'elle soit détrônée par le pouvoir d'achat en raison de l'amélioration du marché du travail et de la crise inflationniste.

Évidemment, comme tout corps social, l'opinion publique connaît des changements, qui peuvent intervenir de façon graduelle ou brutale. Ces évolutions tiennent soit à la démographie, le renouvellement générationnel favorisant une transformation des mentalités, soit à des événements marquants (crises, guerres, innovations technologiques...), qui induisent un changement de l'état d'esprit général. Par exemple, après les attentats du 11 septembre 2001, le terrorisme est devenu le premier domaine de préoccupation des Américains. L'opinion publique évolue logiquement en fonction de l'information qu'elle reçoit.

Au-delà de sa prétendue inconstance, c'est son incohérence supposée qui incite les dirigeants politiques à ne pas se fier à l'opinion. Irrationnelle et contradictoire, elle serait engluée dans un illogisme filandreux qui l'amènerait à formuler des attentes irréalistes : elle apparaîtrait alors comme « la grande déraisonnable, la folle du logis, la passionnée qui, toujours tenue pour suspecte, se verrait opposer de froids et sages penseurs[33] ».

Cette perméabilité présumée de l'opinion à toutes les passions va à l'encontre du rôle des responsables politiques. Michel Rocard considère ainsi que c'est « une attitude de dédramatisation, de refus de l'émotion qui est la clé de bonne gouvernance. Or, l'opinion exige le contraire, c'est-à-dire des démonstrations d'émotion et de sentiments qui n'ont rien à voir avec la direction d'un pays[34] ». Et le Premier ministre de se lamenter de l'impossibilité « de faire comprendre à l'opinion un problème dans sa complexité[35] ».

En réalité, comme son inconstance, l'irrationalité de l'opinion est une vue de l'esprit. Benjamin Page et Robert Shapiro ont démontré que l'opinion obéit à une logique parfaitement rigoureuse et compréhensible dans les choix qu'elle effectue[36]. Elle exprime des avis cohérents et raisonnables sur les politiques publiques.

Troisième préjugé : l'incompétence de l'opinion qui, sur de nombreux sujets, n'est pas constituée et n'a pas de position. Les instituts de sondage recueillent des pseudo-attitudes ou des non-attitudes, selon le terme forgé par Philip Converse en 1970 : la personne interrogée n'a pas toujours d'avis sur la question qui lui est posée, mais elle répond au questionnaire par courtoisie et/ou pour ne pas paraître ignorante.

Les réponses recueillies par les sondages correspondent à des réactions à la situation sociale de l'enquête plus qu'à l'expression de positions ayant fait l'objet d'une réflexion informée. De ce fait, la qualité de ces jugements superficiels a peu de valeur opérationnelle. C'est la position du Président américain Gerald Ford : « Je ne pense pas qu'un président doive diriger le pays sur la base des sondages. Dans bien des cas, le public n'a pas une pleine compréhension du problème[37]. »

Cette perception rejoint une conception ancienne, qui estime que le peuple n'est pas suffisamment armé intellectuellement pour prendre des décisions sages. Dès le XIXe siècle, « le règne de l'opinion publique apparaît comme la domination des masses et des médiocres[38] ».

Cette critique, dont la parenté avec le refus du suffrage universel est évidente, opère une confusion entre l'opinion et la multitude ignorante, soulevant ainsi le spectre de l'ochlocratie. Dans ce régime où le pouvoir est aux mains de la populace, le chaos politique a planté son drapeau noir sur le crâne incliné de la démocratie. Il faut attendre le XXe siècle pour que l'opinion soit distinguée de la foule. Mais les préjugés qui lui sont associés ne disparaissent pas.

Dans l'entre-deux-guerres, le journaliste américain Walter Lippmann dresse une critique acérée du credo démocratique, qui repose sur la fiction de citoyens compétents et attentifs à la chose politique. Or, leur attention n'est pas continue, leur temps limité et leur intérêt pour ces questions intermittent. Face à la complexité croissante d'un monde devenu inintelligible, ils se trouvent dans l'incapacité de se forger une opinion sur les affaires publiques, auxquelles ils ne peuvent assister qu'en spectateur, tel un fantôme.

Ne disposant ni des compétences, ni de l'information nécessaires, l'opinion n'est donc pas en mesure de juger des grandes questions politiques. Et quand « elle s'en mêle, c'est généralement à tort et à travers[39] ». Walter Lippmann appelle ainsi à « considérer l'opinion publique pour ce qu'elle est, et non comme le pouvoir chimérique qu'on prétend lui donner[40] ».

Deux conséquences en découlent. D'une part, elle n'est pas en mesure d'aider les dirigeants à prendre les décisions qui s'imposent. D'autre part, elle n'a aucune légitimité pour contrôler le gouvernement. Les limites des citoyens fondent l'autonomie des gouvernants dans l'exercice du pouvoir. L'importance de l'opinion publique s'en trouve réduite.

Dans la seconde partie du XXe siècle, cette conception de l'opinion trouve un nouvel essor. Dans le contexte de la guerre froide, elle rejoint les thèses de Gabriel Almond et donne naissance au « consensus Almond-Lippmann » en relations internationales, qui se résume ainsi : en raison de sa volatilité et de son manque de structure, l'opinion publique ne peut constituer un fondement solide à la politique étrangère[41].

En politique intérieure, l'économiste Joseph Schumpeter préconise de limiter la participation des citoyens à la décision publique, au profit d'un gouvernement technocratique qui aurait les mains libres[42]. Il faut laisser les techniciens exercer le pouvoir, car l'action gouvernementale requiert des connaissances sectorielles de plus en plus poussées. La variété et la technicité des sujets traités font que plus aucun citoyen ne peut être un expert de la chose publique.

Ces diverses conceptions accumulent les motifs de disqualification des citoyens : leurs capacités de raisonnement limitées, leur absence d'intérêt, leur manque de connaissances et de compétences, leur déficit d'information, leur apathie… En conséquence, il serait insensé et irresponsable de se fier à l'opinion pour gouverner. Walter Lippmann assène : « Là où l'opinion de masse domine le gouvernement, il y a un dérangement morbide des vraies fonctions du pouvoir[43]. »

Plus que morbide, ce déséquilibre pourrait s'avérer mortel pour les démocraties. Se hasarder à s'en remettre à l'opinion conduirait ainsi à l'échec politique. La mise au pouvoir de l'incompétence des citoyens ne produirait qu'une réussite temporaire, avant de devoir céder à la réalité des faits.

À l'opposé de cette mise en doute des facultés de l'opinion, se situe la vision d'une sagesse partagée, qui a notamment été formulée par Charles Maurice de Talleyrand-Périgord. Selon le prince de Bévénent, il existe

« quelqu'un qui a plus d'esprit que Voltaire, plus d'esprit que Bonaparte, plus d'esprit que chacun des directeurs, que chacun des ministres passés, présents, à venir : c'est tout le monde[44]. »

La théorie des sondages partage ce postulat et présuppose la compétence globale des citoyens, sinon leur interrogation n'aurait pas de sens. L'ignorance personnelle ne contredit pas l'intelligence collective[45]. Comme l'ont montré les travaux sur la sagesse des foules (*The Wisdom of Crowds*[46]), l'agrégation des opinions individuelles produit une opinion publique globale sensée, dont la capacité de compréhension des enjeux et de formulation de positions pertinentes ne doit pas être sous-estimée.

Il ne faut pas inférer de cette faculté une forme d'infaillibilité de l'opinion publique. Les sondeurs éprouvent quotidiennement les limites du credo démocratique, qui accepte difficilement que les citoyens puissent commettre des erreurs. Force est de reconnaître que l'opinion n'est ni omnicompétente, ni complètement ignorante : elle est « imparfaite mais présumée légitime[47] ».

Son imperfection est au cœur des multiples injonctions à ne pas en tenir compte auxquelles sont soumis les dirigeants politiques. Sa légitimité, essentielle en démocratie, impose pourtant de l'écouter. Ce conflit réactive une interrogation de fond qui concerne tous les détenteurs du pouvoir : que faire de l'opinion publique ?

IX

QUE FAIRE DE L'OPINION PUBLIQUE ?

> L'art de diriger est complexe. Il n'est pas de ruser avec la réalité, mais d'entraîner l'opinion et d'agir. La grandeur d'un politique n'est pas d'être un suiveur d'opinion, mais un défricheur d'avenir[1].
>
> Valéry Giscard D'ESTAING

SUIVRE OU GUIDER L'OPINION : UNE FAUSSE ALTERNATIVE

La réponse à apporter à l'opinion publique s'inscrit dans un débat plus large sur la nature du rôle que doivent tenir les représentants du peuple en démocratie. Cette question s'articule autour de deux figures opposées : celle du dépositaire (*trustee*) et celle du délégué (*delegate*), selon la distinction classique établie par Hanna Pitkin[2].

La première position a été théorisée par Edmund Burke en 1774. À peine élu député dans la circonscription de Bristol, il tient un discours[3] devant ses électeurs dans lequel il rejette fermement toutes les instructions auxquelles il serait « tenu aveuglément et implicitement d'obéir », même si elles étaient contraires à son jugement. Pour lui, le pouvoir doit être indépendant, la décision autonome. Il ne saurait y avoir de mandat impératif.

Et il rappelle à ses électeurs qu'en l'élisant ils n'ont pas choisi le représentant de Bristol, mais celui du peuple britannique. Par conséquent, il n'est pas le défenseur des intérêts locaux, mais doit rechercher l'intérêt général. Le gouvernement repose sur la sagesse. Les décisions politiques doivent découler d'un débat rationnel au sein du Parlement. Seul ce travail de délibération collective peut faire apparaître l'intérêt général.

Pour cela, l'élu doit se comporter comme un expert au-dessus des électeurs. Il n'a pas pour devoir d'apporter des réponses à l'opinion. Il ne lui est pas redevable avant le prochain scrutin, qui le sanctionnera en le démettant ou le confirmera en le reconduisant. L'expression de la souveraineté du peuple se limite au vote. Entre deux scrutins, l'opinion publique est mise de côté.

Edmund Burke s'appliqua à lui-même cette ligne de conduite et n'hésita pas à prendre des positions impopulaires qu'il croyait conformes à l'intérêt général. Il est significatif de rappeler qu'il a été désavoué par ses électeurs en 1780.

Cette conception fait face à celle qui conçoit le représentant du peuple comme un simple délégué, qui doit se limiter à exécuter la volonté du peuple. L'élu n'est qu'un agent des électeurs : il doit représenter strictement leur volonté (pas la sienne) et défendre leurs intérêts (pas les siens). L'expression de la souveraineté du peuple ne se limite pas à l'élection.

Dans cette controverse sur la nature du mandat des élus, la position du *trustee* est logiquement la vision de leur rôle que les élus soutiennent. Le modèle de l'autonomie du politique flatte leur capacité personnelle à prendre des décisions sages. Elle les place aussi dans une posture gratifiante : celle du visionnaire iconoclaste, qui a raison seul contre tous.

Inversement, la conception du *delegate* est vue comme une tutelle humiliante, alors que les gouvernants veulent maintenir une liberté de réflexion complète, comme le revendiquait George W. Bush : « Je n'ai pas besoin des sondages pour me dire comment penser[4]. » Raisonner sur la seule base de ses principes ou de son intuition est aussi plus confortable et moins chronophage que de chercher à comprendre et à répondre à l'opinion, tâche qui est perçue comme une réduction du rôle des élus.

Cette opposition entre *trustee* et *delegate* recoupe un dilemme classique : le Prince doit-il suivre l'opinion ou bien la guider ? Faut-il la servir comme la source de toute légitimité ou chercher à la canaliser ? L'expression permanente de l'opinion publique par le biais conjugué des médias et des sondages a renouvelé les formes de ce débat pluriséculaire.

D'une manière générale, l'alignement des gouvernants sur les positions de l'opinion est vilipendé. Une phrase apocryphe du diable boiteux (« L'opinion, qui est un contrôle utile, est un guide dangereux pour les gouvernements ») est régulièrement citée à l'appui de cette critique.

On tourne encore en dérision Alexandre Ledru-Rollin pour ce mot lâché alors qu'il partait en exil avec les conjurés de l'insurrection manquée du 13 juin 1849 : « Il faut bien que je les suive puisque je suis leur chef. » Plus récemment, Ségolène Royal a été raillée pour avoir répondu à une question sur l'éventuelle entrée de la Turquie dans l'Union européenne : « Mon opinion sera celle du peuple français » (11 octobre 2006).

Symétrique dévalorisé du leadership, qui consiste à mener le peuple et les affaires de l'État, le suivisme de l'opinion (*followership*) est un comportement auquel sont associées de multiples tares, qui vont de la pusillanimité à la démagogie. Signe d'absence d'épine dorsale idéologique, il dessine l'antiportrait du dirigeant politique idéal.

L'image d'un élu suivant inconditionnellement les sondages paraît tellement avilissante que Dick Morris avait pris soin de préparer un argumentaire listant toutes les décisions prises par Bill Clinton à l'encontre de l'opinion publique[5]. S'il se trouvait accusé d'exercer une « présidence suiviste[6] », la riposte pouvait être lancée sur-le-champ.

Gouverner en suivant l'opinion équivaudrait à abdiquer toute autonomie de penser : « Tout ce qui pense comme l'opinion publique s'est bandé les yeux et s'est bouché les oreilles[7] », résume Friedrich Nietzsche de façon tranchante. Se prosterner devant l'opinion correspondrait à un dangereux abaissement de l'exercice du pouvoir et un affaissement de la stature des dirigeants politiques, qui caractériserait la modernité.

Pour Nietzsche encore, notre époque « qui place son salut dans l'opinion publique, c'est-à-dire dans la paresse privée[8] » inspirera de la répugnance aux « générations futures, lorsqu'elles auront à s'occuper de l'héritage de cette période au cours de laquelle ce ne furent pas des hommes vivants qui gouvernèrent, mais des apparences d'hommes pensant publiquement ». Rude réquisitoire…

Dans notre « hyperdémocratie[9] » selon l'expression du journaliste Jonathan Schell, le risque principal résiderait dans « une abdication systématisée » des élus devant « chaque rafale passagère de l'opinion publique ». Ce comportement serait même mortifère pour les démocraties et les porterait inévitablement vers la décomposition[10]. En adoptant les vues de l'opinion, les gouvernants tendraient de plus en plus à la satisfaire et négligeraient progressivement les intérêts supérieurs de la nation, qui peu à peu s'affaiblirait et déclinerait inexorablement, jusqu'au trépas.

Pour éviter cette issue fâcheuse, il est attendu de la part des responsables politiques un leadership volontaire et plein de panache, qui pourrait retourner une opinion hostile. Il s'incarne dans la figure idéalisée de Périclès, qui par la seule magie du verbe pouvait venir à bout de toutes les réticences. À l'époque moderne, l'exemple de Woodrow Wilson, ralliant à la cause de l'intervention armée une opinion américaine récalcitrante lors de la Première Guerre mondiale, est souvent avancé[11].

L'homme d'État authentique doit aussi savoir conserver son sang-froid face à la pression brûlante de l'opinion publique et lui imposer une réflexion apaisée. Il lui revient « plutôt de résister et de corriger que d'encourager le sentiment dominant […]. Il l'affrontera, le sermonnera, lui rappellera qu'il est faillible, le sortira de sa complaisance[12] ». C'est lui qui tient d'une main ferme le gouvernail de l'État. C'est lui le maître.

Cette conception sans concession du leadership place les gouvernants dans une situation inextricable : il est attendu d'eux qu'ils dirigent l'opinion mais aussi qu'ils la suivent. Comment sortir de cette impasse ?

En réalité, ce dilemme n'est qu'apparent. Dans l'action gouvernementale, les dirigeants politiques ne sont pas confrontés à une alternative aussi simpliste que de devoir choisir entre guider ou suivre l'opinion. Le même gouvernant peut, selon le sujet et les circonstances, se comporter en *leader* ou en *follower*. Loin d'être un oxymore, l'application d'un « leadership démocratique[13] » ou d'un « leadership responsif[14] » est possible en pratique.

Son application dépend avant tout de la réaction des gouvernants aux indications des sondages. Quand elles corroborent leurs plans, deux solutions s'offrent à eux. La première consiste à répondre à l'opinion : c'est la situation idéale, qui fonde la théorie démocratique. La seconde les conduit à aller contre l'avis général, afin de s'approprier les qualités d'indépendance et de courage associées à l'homme d'État. En raison de son rapport coût-bénéfice très désavantageux, ce « faux leadership[15] » est sans doute essentiellement théorique.

Inversement, quand les intentions des responsables politiques sont contredites par les attentes de l'opinion, ils peuvent choisir d'exercer un « vrai leadership » : ils prennent le risque de s'opposer frontalement aux demandes de la population, car ils considèrent que cela sert le pays. Ils peuvent aussi flatter l'opinion (*pander*[16]), c'est-à-dire sacrifier l'intérêt général pour rester en accord avec elle.

Cette dernière configuration, qui consiste à ajuster sa position aux préférences du public, relève de la démagogie.

La connaissance de l'opinion peut accroître la tentation d'enjôler le peuple pour gagner son adhésion. Mais ce risque inhérent à l'exercice du pouvoir tient avant tout à la personnalité des gouvernants. Comme pour tout outil, le danger ne repose pas dans les sondages eux-mêmes, mais dans leur utilisation.

Il existe ainsi une manière de gouverner qui consiste à « jouer de l'opinion, en être le flatteur empressé en même temps que le manipulateur, n'avoir en tête que sa réélection[17] ». À l'opposé, se situe une pratique du pouvoir qui ignore superbement l'opinion pour se préoccuper uniquement de réaliser l'intérêt général, y compris en s'opposant frontalement aux attentes de la population révélées par les sondages.

Entre ces deux bornes extrêmes que sont l'opportunisme cynique et l'idéalisme intransigeant, il faut trouver une voie médiane, faite de pragmatisme et d'écoute : « Ne pas chercher soit à toujours plaire à l'opinion commune, soit à toujours la contrarier[18] », recommande Édouard Balladur. La nécessité de naviguer entre ces deux écueils était déjà défendue par Jacques Necker, lorsqu'il estimait que l'opinion publique était « un fanal dont les feux sont sans cesse allumés[19] ».

Pour gouverner, ce cabotage ne suffit pas : il est nécessaire de savoir où aller et d'en informer l'opinion.

Informer l'opinion

Parmi la kyrielle de définitions du leadership politique, celle proposée par John Geer en 1996 inclut une action sur l'opinion publique : les gouvernants exercent un leadership lorsqu'ils déplacent l'opinion existante vers leur position ou quand ils créent une distribution des opinions qui la favorise[20]. Informer l'opinion publique et faire évoluer ses préférences, voilà les deux composantes essentielles du leadership.

Le rôle des politiques consiste à donner à l'opinion le moyen de se forger une opinion. Cela implique en priorité de lui fournir des informations politiques exactes et complètes, puis de la mobiliser afin d'accomplir avec son aval les tâches requises pour atteindre un objectif qui lui aura été présenté clairement.

Partisan de cette approche pédagogique de l'action gouvernementale, Franklin D. Roosevelt considérait que les responsables politiques doivent « façonner l'opinion publique » (*shape public opinion*)[21]. Cela signifie « d'abord et avant tout, ne pas y répondre, comme s'il s'agissait d'un relevé de température », et distinguer le temps, passager et changeant, du climat, plus profond et plus durable.

Ce sont les tendances de fond qu'il faut comprendre et éventuellement tenter d'infléchir, pas les contingences quotidiennes. Un concept permet de comprendre ce travail de conviction patient que doivent accomplir les hommes politiques sur la longue durée pour faire avancer une cause qui leur est chère : la fenêtre de possibilité politique.

Formalisé par Joseph P. Overton, ce concept postule que, parmi toute la gamme des idées politiques possibles, seules celles qui sont jugées recevables par l'opinion ont une chance d'être traduites en politiques publiques[22]. Le jeu politique consiste alors à transformer les perceptions d'une idée pour la rendre légitime.

Un processus graduel se met ainsi en place pour faire entrer certains thèmes dans la « fenêtre d'Overton ». Sous l'effet des discours politiques et médiatiques, une idée jugée initialement « impensable » devient perçue comme « radicale ». À mesure que le débat public avance, elle devient progressivement vue comme « acceptable », puis « raisonnable ». Elle peut dès lors devenir « populaire », selon les sondages, condition nécessaire pour s'incarner dans une politique publique.

Le rythme de progression n'est pas linéaire. Des résistances politiques cherchent à figer les représentations d'une idée pour faire en sorte qu'elle demeure illégitime et soit maintenue à l'écart de la fenêtre d'Overton. Mais ce concept permet de comprendre comment des sujets initialement rejetés par l'opinion sont progressivement acceptés par elle.

Dès lors, il convient de s'interroger : faire campagne et gouverner diffèrent-ils fondamentalement[23] ? Le travail de persuasion entrepris avant l'élection est du même ordre que les efforts accomplis par les gouvernants pour emporter l'adhésion des citoyens. Donc, ce qui a permis de conquérir le pouvoir doit faciliter son exercice.

Un sondeur a tiré les conséquences de ce constat et les a formalisées politiquement : Pat Caddell. Dès le 10 décembre 1976, c'est-à-dire après l'élection de Jimmy Carter mais avant son investiture, il rédige un mémo sur la stratégie politique à appliquer pendant la présidence. Il observe que les partis politiques sont affaiblis par le développement des primaires, qui les court-circuitent au profit des médias et donnent du pouvoir aux électeurs.

Dans ces conditions, il est nécessaire de travailler dès à présent à la réélection de 1980 en s'adressant aux journalistes et, à travers eux, aux citoyens, afin de préserver le capital politique accumulé. Pour cela, le sondeur recommande une « campagne permanente ».

Les éléments constitutifs de cette stratégie combinent la création d'images pour les médias et l'application d'un pragmatisme à visée électorale qui l'emporte sur les idées politiques. Le soutien du citoyen, vu uniquement comme un électeur, est systématiquement sollicité. Le maintien de la popularité des gouvernants, qui se confond avec leur légitimité, devient un objectif majeur.

Dans les années 1980, âge d'or de la communication politique, la campagne permanente se développe. Ancien acteur, Ronald Reagan excelle dans l'exercice. Plus encore, Bill Clinton incarne un leadership calqué sur celui d'un candidat (*campaing-style leadership*[24]), comportement poussé à son paroxysme par Donald Trump.

Ce mode de gouvernement brouille la distinction classique entre la conquête et l'exercice du pouvoir, qui requièrent des qualités différentes. Il opère aussi une confusion entre la nécessité d'informer l'opinion et la possibilité d'exercer une influence sur elle, vers laquelle il peut dériver.

A contrario, l'établissement d'une relation saine à l'opinion publique implique de chercher à la convaincre honnêtement, puis de se plier à son jugement avec discernement. En 1804, Napoléon voyait juste en affirmant : « Je respecterai les jugements de l'opinion publique quand ils seront légitimes ; mais elle a des caprices qu'il faut savoir mépriser. C'est au gouvernement et à ceux qui en font partie de l'éclairer, non de la suivre dans ses écarts[25]. »

Ainsi, plutôt que d'ignorer, fuir ou manœuvrer l'opinion, le rôle du leader politique consiste bien à créer et entretenir une relation avec elle : il s'agit « de l'informer, de la former, de la réformer aux besoins[26] » résume Jean Stœtzel. Cela implique de concevoir l'opinion comme un partenaire du pouvoir.

De contre-pouvoir à partenaire du pouvoir

Comme le relève avec justesse Francis Balle, l'opinion est par nature une « instance de critique vis-à-vis du pouvoir politique[27] ». Elle remplit une fonction de contrôle démocratique des gouvernants, notamment au moyen des sondages qui constituent « des contre-pouvoirs "mous"[28] ». Leur jugement n'a aucune force exécutoire. Les dirigeants politiques ne sont absolument pas tenus de suivre les avis qu'ils restituent, ni même de les prendre en compte.

Au sens strict, leur puissance n'est donc qu'évocatrice. Mais, ce qu'ils évoquent quand leurs résultats sont négatifs prend une portée politique considérable : le pouvoir n'est plus soutenu par une majorité. Sa légitimité se trouve grandement entamée, même si sa légalité, qui procède de l'élection, reste intacte jusqu'à la fin officielle du mandat. Cette situation n'est pas tenable en démocratie, qui impose que les gouvernants disposent de la confiance majoritaire des gouvernés.

Deux voies s'ouvrent alors. Soit un équilibre est rétabli par l'évolution de l'opinion, des dirigeants politiques ou des deux simultanément. Soit le différend persiste et se remplit d'aigreur. Dans ce cas, le désaccord trouvera une issue sous la forme d'un désaveu lors du prochain scrutin, à moins qu'il ne rende inévitable une démission avant le terme régulier du mandat.

Cette épée de Damoclès que l'opinion tient au-dessus de la tête des élus a été théorisée dès la seconde moitié du XVIIIe siècle, à travers la métaphore du « Tribunal de l'Opinion Publique ». Considérant qu'il s'agit d'une véritable institution politique, Jeremy Bentham lui attribue plusieurs fonctions[29]. D'abord, la « fonction de censure » : ce tribunal rend des jugements sur les actions des détenteurs du pouvoir. Ensuite, il punit et récompense : c'est la « fonction exécutive », qui est exercée par le vote.

Le philosophe britannique assigne ainsi à l'opinion un rôle essentiel en démocratie : être le garde-fou des détenteurs de l'autorité politique. À l'époque moderne, les dirigeants reconnaissent ce contrôle comme légitime. Dans ses discours, Nicolas Sarkozy utilise régulièrement des expressions comme « rendre des comptes devant l'opinion » ou « prendre à témoin l'opinion », qui traduisent « une conception du gouvernant comme devant répondre de ses paroles et de ses actes devant les citoyens[30] ».

Mais si les élus agissent sous le regard de l'opinion, ne risquent-ils pas de se comporter comme les détenus du panoptique, cette structure carcérale imaginée elle aussi par Jeremy Bentham dans laquelle les gardiens peuvent avoir une vision à 360e sans être vus ? La démocratie d'opinion ne menace-t-elle pas de devenir une « démocratie de surveillance[31] », au sens policier du terme, et de chercher à satisfaire constamment l'exigence vulgaire de la transparence absolue ?

Toute la difficulté des gouvernants des démocraties contemporaines réside dans la prise en compte et l'articulation de « deux modalités concurrentes d'expression de la majorité[32] ». D'une part, la souveraineté du peuple s'exprime par les élections et les institutions. D'autre part, elle se manifeste par le biais de l'opinion. Notre régime politique s'est dédoublé : la démocratie légale se trouve « flanquée d'une démocratie "sauvage"[33] ».

Aux yeux des citoyens, la démocratie d'opinion paraît plus légitime que la démocratie représentative, qui pourtant seule est légale. Inorganisée et informelle, elle exerce un contrôle en forme de rappel incessamment répété aux gouvernants par les gouvernés non seulement de leur existence, de leurs attentes dont ils exigent la prise en charge, mais aussi de leur pouvoir, qu'ils entendent protéger de toute confiscation : « La démocratie d'opinion fait ainsi rempart contre la démocratie représentative, empêchée de déraper, de s'isoler, de tourner à l'oligarchie[34]. »

Entre ces deux forces, la coexistence peut dégénérer en conflit. Pour tenter d'éviter cette éventualité, plusieurs tentatives récentes ont cherché à organiser l'opinion publique, à lui donner des formes d'expression institutionnelles et à l'associer davantage à la représentation politique. Le Grand débat national, les conventions citoyennes ou le Conseil national de la refondation ont tous eu pour but d'établir des diagnostics partagés avec l'opinion sur les grands enjeux du pays, afin de définir un projet politique concret.

Ces expériences peuvent produire des contenus intéressants et utiles à la réflexion politique. Mais, au-delà des critiques portant sur l'objectivité de leurs travaux, leur existence même a été vue comme une tentative démagogique de court-circuiter le parlement, ou pire, de se substituer à lui.

Surtout, ces différentes innovations politiques sont condamnées à ne pas atteindre le grand dessein d'institutionnalisation de l'opinion publique qu'elles se sont fixé. Par sa nature même, l'opinion ne peut être enfermée dans des instances. Comme le note Carl Schmitt, l'opinion « naît et demeure "inorganisée"[35] ». C'est précisément ce caractère libre et informel qui lui confère toute sa force.

Puisque la démocratie représentative et la démocratie d'opinion ne sont pas miscibles, il peut être tentant de remplacer la première par la seconde. Accroître le pouvoir du peuple : comme souvent, un supplément de démocratie est vu comme le remède le plus efficace pour soigner la démocratie. Tout ce qui provient de la société et des citoyens est encensé, tandis que tout ce qui émane de la sphère politique suscite rejet et méfiance.

Tout élu étant a priori suspect, il faut remplacer autant que faire se peut les politiciens par les citoyens. Une organisation politique « plus collaborative, participative, interactive[36] » est souvent présentée comme la panacée pour résoudre la crise démocratique actuelle. Plus des deux tiers de la population jugent que « la démocratie fonctionnerait mieux en France si les citoyens étaient associés de manière directe (pétitions, tirage au sort) à toutes les grandes décisions politiques » (71 %)[37].

Cette aspiration profonde revitalise le projet de « règne de l'opinion » de James Bryce ou celui d'Auguste Comte, qui fait de « l'empire de l'opinion publique[38] » la caractéristique du régime politique final de l'humanité. Dans cette vision eschatologique, il n'y aura plus d'intermédiaires entre le gouvernement et l'opinion, qui aura établi son ascendant sur toute la société. Cette opinion publique organique gouvernera vraiment, en distribuant les reproches et les éloges, et sera en mesure de démettre les gouvernants.

Les innovations médiatiques et technologiques ont permis à ces propositions utopiques rédigées au XIXe siècle de gagner en crédibilité dans la seconde partie du XXe siècle. Dès les années 1960, il était envisagé un dispositif dans lequel les enjeux d'un sujet important seraient présentés à la radio, avant que les citoyens ne votent par téléphone[39]. En 1992, le milliardaire américain Ross Perot avait proposé de diffuser régulièrement à la télévision une discussion sur un thème précis, puis de demander aux téléspectateurs de retourner par courrier leurs préférences qui seraient comptabilisées par ordinateur.

Peu après, Internet puis les réseaux sociaux ont revigoré cette « utopie d'une corrélation en temps réel de la conduite du gouvernement à l'évolution de l'opinion[40] », qui ferait advenir une démocratie intégrale. Parodiant cette conception chimérique souvent relayée par les évangélistes des *civic tech*, le romancier Marc Dugain imagine un « référendum virtuel permanent[41] », qui prendrait la forme d'un sondage continu. Rêve éveillé d'une harmonie pure et parfaite entre le peuple et les dirigeants…

En réalité, faire reposer la démocratie sur la consultation constante des citoyens verserait rapidement dans le cauchemar totalitaire. L'interrogation librement consentie se transformerait en interrogatoire, auquel personne ne pourrait se soustraire. Georges Bernanos a décrit cet horizon hideux de « la tyrannie abjecte du Nombre », en rappelant qu'il « est fou de confier au Nombre la garde de la liberté[42] ».

Ainsi, la volonté de mettre la technologie au service de l'opinion dérive soit en une illusoire démocratie directe, soit en un despotisme du chiffre qui s'exercerait sur une population ayant perdu toute faculté de raisonner.

Par conséquent, puisqu'elle ne peut être ni institutionnelle, ni technologique, la réponse au décalage entre les attentes de l'opinion et leur prise en charge effective doit nécessairement être d'ordre politique. Elle doit rechercher la complémentarité entre l'opinion et les élus. La légitimité des sondages provient de leur juxtaposition au système représentatif : ils ne peuvent s'y substituer. C'est l'accord, ou le compromis, entre la démocratie représentative et la démocratie d'opinion qu'il faut donc établir.

Cela suppose pour les dirigeants de cesser de concevoir l'opinion uniquement comme un contre-pouvoir, irritant ou inquiétant, et de l'envisager comme un partenaire du pouvoir. Si on l'antagonise, l'opinion exprime sa nature profonde et joue logiquement son rôle de censeur intraitable. Inversement, dès lors qu'un dialogue authentique s'instaure avec elle et débouche sur une action concrète, elle peut se muer en auxiliaire infatigable du pouvoir.

Jean Stœtzel indique que « l'art de gouverner comporte une technique des rapports avec l'opinion[43] ». Pour les responsables politiques, à quelque niveau que ce soit, la crise démocratique actuelle rend impérieuse la nécessité de bâtir et d'entretenir une relation avec l'opinion. Or, les hommes et femmes politiques semblent avoir renoncé à s'adresser à l'opinion publique, à la consulter et à prendre appui sur elle.

Si la bataille de l'opinion est si souvent perdue par les gouvernants, c'est avant tout parce qu'ils ne la livrent pas. Sont-ils rebutés par la complexité de la tâche ?

Conclusion

> Qui veut encore gouverner ? Qui veut encore obéir ?
> L'un et l'autre sont trop pénibles[1].
>
> Friedrich NIETZSCHE

Il y a deux siècles, Alexis de Tocqueville annonçait l'avènement à venir de l'opinion publique en raison du développement de la démocratie. Ressort profond de ce type de régime, l'égalisation croissante des conditions de vie ferait que plus aucune autorité supérieure ne pourrait se détacher aux yeux des citoyens. Pour les peuples démocratiques, rien ne serait alors plus digne de crédit que leur propre reflet dans le miroir de l'opinion.

Cette prophétie s'est largement accomplie. Le système démocratique actuel se caractérise par la « domination de l'opinion publique[2] ». La démocratie d'opinion est en essor constant depuis quelques décennies. Mais une grande interrogation demeure sans réponse définitive : comment inclure l'opinion dans la politique ? La façon dont les élus et les gouvernants doivent en tenir compte ne fait toujours pas l'objet d'un accord[3].

Sans trancher cette question, les détenteurs successifs du pouvoir politique ont construit un outil sophistiqué de mesure et de suivi de l'opinion, dont le but était d'optimiser la façon de gouverner. Les études d'opinion portaient l'espoir d'une meilleure réponse aux demandes des citoyens. Dernière étape en date dans « l'histoire longue du rêve de l'harmonie par le calcul[4] », le développement des sondages comme outil de gouvernement démontre que la politique n'échappe pas à l'idée, au cœur de l'imaginaire contemporain, que le monde peut être réglé par les nombres.

Mais les sondages semblent ne plus être « ce qui nous renseigne sur le monde, mais ce qui nous en sépare[5] ». Ce paradoxe a été abusivement présenté comme une conséquence indésirable de leur utilisation gouvernementale. En rendant inutiles les rencontres avec les citoyens, ils auraient favorisé un « effet de fermeture[6] » de la sphère politique sur elle-même. Retranchés derrière des piles de rapports d'études, les responsables politiques auraient perdu tout sens de la réalité. Alimentée « par le scientisme et le fétichisme du chiffre », cette déconnexion du réel exposerait à un « risque de délire individuel ou collectif[7] ».

En confondant l'instrument et les usages qui peuvent en être faits, cette vision alarmiste s'égare : les sondages ont pour principale vertu d'entretenir le lien entre les gouvernés et les gouvernants. Ils font en sorte que l'opinion publique ne disparaisse pas entre les élections. Ils la maintiennent au centre du débat public et évitent que le jeu politique ne s'établisse en vase clos. Ils ne cessent de rappeler qu'il est nécessaire de prendre en compte les attentes de la population et que l'expression citoyenne ne saurait se limiter aux consultations électorales[8].

La responsabilité du fossé qui s'est creusé entre les citoyens et les élus n'incombe pas aux sondages, qui l'ont révélé et en documentent toute l'ampleur. Elle est à imputer, en partie, aux perceptions que les responsables politiques se font de l'opinion publique, qui déterminent la façon dont ils conçoivent leur rôle vis-à-vis d'elle et l'utilisation qu'ils font des sondages.

Toujours vue comme une masse irrationnelle et irascible, l'opinion ne cesse d'inquiéter les dirigeants politiques, puisque, si elle est déchaînée, cette furie peut faire échouer l'atteinte de leurs deux principaux objectifs : appliquer leur programme et conserver le pouvoir[9].

Dès lors, leur usage principal du dispositif d'écoute de l'opinion se limite au premier sens du verbe *écouter*[10] : « tendre l'oreille, prêter attention à ce qu'on entend ». Les études sont conçues principalement comme un moyen d'observation hypervigilante de l'opinion : il est impératif de contenir cette force sociale prompte à l'ébullition, de minimiser son pouvoir de nuisance et de favoriser son acceptation des politiques publiques. L'identification et la prise en charge des attentes de la population sont reléguées au second plan.

Cet emploi essentiellement stratégique et défensif des études d'opinion alimente le grave déséquilibre politique actuel : la voix des citoyens estime ne plus être entendue par les politiques. La défiance envers les élus enfle et s'envenime, car ils donnent le sentiment de ne pas vouloir répondre par des actes tangibles aux souhaits de la population.

Dans cette « démocratie désubstantialisée[11] », le fondement même de la relation entre les gouvernants et les gouvernés se trouve ainsi attaqué. Si la formule classique de l'abbé Sieyès – « Le pouvoir vient d'en haut, la confiance vient d'en bas[12] » – est avérée, que reste-t-il de la légitimité du pouvoir quand la confiance se dérobe ?

Théoriquement, le débat démocratique est censé établir un flux de communication bilatéral « dans le sens “descendant”, du pouvoir politique à l'électorat par l'intermédiaire des médias, et “ascendant”, de l'opinion publique aux hommes politiques, par l'intermédiaire des sondages[13] ». Cette représentation verticale de la société n'est plus adaptée aux réalités contemporaines, mais elle rappelle qu'un échange de vues est indispensable.

Faut-il préférer le terme de dialogue ? Les sondages permettraient ainsi au politique de converser avec l'opinion sur un pied d'égalité : « Je les ai vus comme une chance de discuter avec le pays[14] », indiquait le conseiller opinion de Bill Clinton. Ici aussi, la comparaison atteint rapidement ses limites. Un dialogue véritable s'instaure-t-il quand l'un des interlocuteurs ne parle que lorsque l'autre le souhaite et sur le sujet qu'il lui impose ?

Quel que soit le vocable adéquat, la prise en compte relationnelle de l'opinion s'impose comme une nécessité démocratique. Pour cela, les dirigeants politiques doivent se départir de leurs préjugés.

L'opinion est parfois vue avec crainte et révérence comme « une sorte de force surnaturelle[15] », en surplomb du pouvoir. Elle tétanise alors les élus et les pousse à la fuir dans un immobilisme timoré. D'autres fois, elle est considérée avec dédain comme le reflet de l'inculture hargneuse d'un amas informe de philistins pitoyables (*basket of deplorables*) et de sans-dents s'agglutinant en contrebas du pouvoir. Dans ce cas, les dirigeants politiques sont incités soit à ignorer ses demandes, soit à la flatter pour mieux l'orienter : « gouverner sans le peuple ou gouverner pour plaire au peuple[16] », une technocratie détachée des réalités ou un populisme tortueux.

En réalité, l'opinion publique n'est ni une fausse idole devant laquelle il conviendrait de s'agenouiller, ni une pauvre idiote qu'il faudrait prendre de haut. Constituée des jugements et des attentes des citoyens, elle doit enfin être considérée comme un acteur sensé aux avis respectables par les détenteurs du pouvoir politique. Tout l'enjeu pour eux est de rester à hauteur d'homme.

En d'autres termes, il ne s'agit pas de gouverner *pour* ou *contre* l'opinion publique, mais bien *avec* elle. Cela implique de savoir saisir l'opinion, c'est-à-dire porter devant elle les affaires graves, l'informer et lui demander d'exercer son jugement. « L'opinion a-t-elle été saisie de manière franche et objective[17] ? » s'interrogeait le général de Gaulle à propos du projet de Communauté européenne de défense, qu'il désapprouvait parce qu'il avait été conçu en catimini par un quarteron d'experts.

Le nœud du problème réside dans l'appréhension de la fonction assignée à l'opinion dans le système démocratique, fonction parfaitement synthétisée par Jürgen Habermas : « L'opinion publique règne, mais ne gouverne pas[18]. » Elle est le souverain. Elle exerce une influence prédominante, mais pas le pouvoir qui est dévolu temporairement à ceux qui ont été désignés par l'élection. Il leur revient de diriger les affaires publiques de l'État, mais ils doivent le faire dans un colloque singulier avec l'opinion.

Pour éviter que ce tête-à-tête ne se transforme en mano a mano, chacun doit comprendre les devoirs de sa charge et les limites de son rôle. Dans la répartition du pouvoir politique, l'opinion publique doit accepter de ne pas gouverner d'une part et d'être gouvernée d'autre part. La démocratie ne peut pas se concevoir uniquement comme un système mécanique chargé de concrétiser sous la forme de politiques publiques l'intégralité de ses attentes[19].

De leur côté, les élus doivent accepter de ne pas régner, c'est-à-dire ne pas exercer un pouvoir absolu. Cela implique de reconnaître que l'opinion détient le dernier mot. En cas de désaccord persistant avec elle, il faut donc se soumettre ou se démettre.

Pour éviter cette dernière éventualité, il faut gouverner dans une relation intime et constante avec l'opinion, qui est « un partenaire politique à la fois distinct du gouvernement et participant au gouvernement[20] ». Cette ambivalence constitutive de l'opinion publique crée une imprécision dérangeante pour les esprits étroits, qui méconnaissent sa nature profonde et voudraient la fixer dans une forme institutionnelle définitive.

Pour ceux qui, clairvoyants ou visionnaires, entrevoient la dimension esthétique et créative que requiert l'exercice plein et entier du pouvoir politique, l'opinion constitue au contraire un prolifique gisement d'opportunités. Pourquoi n'existerait-il plus d'artistes capables d'exercer – en virtuoses et non plus en saltimbanques – l'art subtil de gouverner ? C'est à eux que revient le devoir impérieux de combler le gouffre démocratique qui ne cesse d'éloigner les gouvernants des citoyens, afin d'éviter que le pays, attiré par le vide, ne plonge dans un tumulte périlleux.

Notes et références

INTRODUCTION

1. Vincent MORO-GIAFFERRI, de cité dans Henri LECLERC, *La Parole et l'action : mémoires d'un avocat militant,* Fayard, 2017, p. 161. Merci à François Micheau de m'avoir indiqué cette citation.

2. NECKER, Jacques cité dans Léonard BURNAND, *Necker et l'opinion publique,* Champion, 2004, incipit.

3. Blaise PASCAL, *Pensées*, Hachette, 1869, p. 269.

4. Baromètre de la confiance politique OpinionWay pour le Cevipof (échantillon de 3 514 personnes, 8-18 janvier 2024).

5. Jean BAECHLER, « Qu'est-ce que l'opinion publique ? », dans François D'ORCIVAL (dir.), *Opinion publique et crise de la démocratie*, PUF, 2019, p. 17.

6. Bernard BOURGEOIS, « Que faire de l'opinion publique ? », *ibid.*, p. 48.

7. Cntrl.

8. Dominique REYNIÉ, « Sondages d'opinion et démocratie », *Cahiers français*, octobre-décembre 1992, p. 69.

9. Jean STOETZEL, *Théorie des opinions*, PUF, 1943, p. 13.

10. Alfred SAUVY, *L'opinion publique*, PUF, Que sais-je ?, 1956, p. 12.

11. Dominique REYNIE, *Le triomphe de l'opinion publique : l'espace public français du XVIe au XXe siècle*, Odile Jacob, 1998, p. 97.

12. Patrick CHAMPAGNE, *Faire l'opinion : le nouveau jeu politique*, Minuit, 1990, p. 85.

I. L'OPINION, UN POUVOIR QUE LE POUVOIR DOIT CONTRÔLER

1. Alexis DE TOCQUEVILLE, *De la démocratie en Amérique*, Tome II, Folio, 1986, p. 23.

2. James BRYCE, *The American Commonwealth*, volume II, Cosimo Classics, 2007, p. 255.

3. David HUME, *Essais et traités sur plusieurs sujets. Essai IV : les premiers principes du gouvernement*, Vrin, 1999, p. 93.

4. Benjamin GINSBERG, *The Captive Public : How Mass Opinion Promotes State Power*, Basic Books, 1986, p. 9.

5. Jean-Paul GREMY, « L'observation de l'opinion publique en France et la naissance des sondages d'opinion », *Études et documents, Centre Maurice Halbwachs*, n° 14, 2018, p. 4.

6. Thomas HOBBES, *Leviathan*, Dalloz, 1999, p. 184.

7. Francis BALLE, *Et si la presse n'existait pas...*, JC Lattès, 1987, p. 19.

8. Jürgen HABERMAS, *L'espace public : archéologie de la publicité comme dimension constitutive de la société bourgeoise*, Payot, 1992, p. 62.

9. Benjamin GINSBERG, *The Captive Public*, p. 13-23.

10. Napoléon BONAPARTE, cité dans Emmanuel de LAS CASES, *Mémorial de Sainte-Hélène*, Tome I, Ernest Bourdin, 1842, p. 192.

11. Loïc BLONDIAUX, *La fabrique de l'opinion : une histoire sociale des sondages*, Éd. du Seuil, 1996, p. 54.

12. Napoléon BONAPARTE, cité dans Emmanuel de LAS CASES, *Mémorial de Sainte-Hélène*, p. 648.

13. François-René de CHATEAUBRIAND, cité dans Pierre KARILA-COHEN, *L'état des esprits. L'invention de l'enquête politique en France, 1814-1848*, Presses universitaires de Rennes, 2008, p. 44.

14. Pierre KARILA-COHEN, *L'état des esprits*, p. 80.

15. Emmanuel de LAS CASES, *Mémorial de Sainte-Hélène*, Perrin, 2021, p. 402.

16. Pierre KARILA-COHEN, *L'état des esprits*, p. 46.

17. Jean-Paul GREMY, « L'observation de l'opinion publique en France et la naissance des sondages d'opinion », p. 18.

18. Pierre KARILA-COHEN, *L'état des esprits*, p. 25.

19. François GUIZOT, cité dans Pierre KARILA-COHEN, *L'état des esprits*, p. 139.

20. Honoré de BALZAC, cité dans François D'ORCIVAL, « Mesure et démesure l'opinion publique », dans François D'ORCIVAL (dir.), *Opinion publique et crise de la démocratie*, p. 13.

21. Pierre KARILA-COHEN, *L'état des esprits*, p. 79-80.

22. Louis-Napoléon BONAPARTE, cité dans Georges-Henri SOUTOU, « Des Lumières à l'opinion publique : politique extérieure et société (XVIIIe-XXe siècle) », dans François D'ORCIVAL (dir.), *Opinion publique et crise de la démocratie*, p. 79.

23. Lynn M. CASE, « French Opinion and Napoleon III's Decision After Sadowa », *The Public Opinion Quarterly*, volume 13, n° 3, automne 1949, p. 443.

24. Gustave LE BON, *Psychologie des foules*, Quadrige, 2016, p. 1.

25. Gabriel TARDE, *L'opinion et la foule*, FV Éditions, p. 8.

26. Gustave LE BON, *Psychologie des foules*, p. 91.

27. Pierre KARILA-COHEN, *L'état des esprits*, p. 353.

28. Susan HERBST, *Numbered Voices : How Opinion Polling Has Shaped American Politics*, University of Chicago Press, 1995, p. 173.

29. Woodrow WILSON, cité dans Joëlle ZASK, *L'opinion publique et son double*, Livre 1 : *L'opinion sondée*, Éditions L'Harmattan, 2000, p. 110.

30. Samuel KERNELL, *Going Public : New Strategies of Presidential Leadership*, CQ Press (2e edition), 1993, p. 19.

31. Richard W. STEELE, « The Pulse of the People. Franklin D. Roosevelt and the Gauging of American Public Opinion », *Journal of Contemporary History*, volume 9, n° 4, octobre 1974, p. 197.

32. James BRYCE, *The American Commonwealth*, p. 258.

33. Il dispose d'un doctorat en journalisme, obtenu en 1928 à l'Université de l'Iowa.

34. George GALLUP et Saul Forbes RAE, *The pulse of democracy : The Public-Opinion Poll and How It Works*, Simon and Schuster, 1940, p. 8.

35. Susan HERBST, *A Troubled Birth : The 1930s and American Public Opinion*, University of Chicago Press, 2021, p. 81.

36. Dominique REYNIE, *Le triomphe de l'opinion publique*, p. 11.

37. Elliott MORRIS, *Strength in Numbers : How Polls Work and Why We Need Them*, Norton, 2022, p. XVIII.

38. Jules MICHELET, *Histoire de France*, Tome 17 : *Louis XV et Louis XVI*, Équateurs Poche, 2009, p. 290.

II. L'ÉDIFICATION INSTITUTIONNELLE DU DISPOSITIF D'ÉCOUTE DE L'OPINION

1. Alain PEYREFITTE, *Le mal français*, Plon, 1976, p. 223.

2. Richard W. STEELE, « The Pulse of the People. Franklin D. Roosevelt and the Gauging of American Public Opinion », p. 207.

3. Susan HERBST, *A Troubled Birth*, p. 40.

4. Robert EISINGER, « The President's stethoscope : Franklin Delano Roosevelt and Presidential polling », article présenté au congrès annuel de la Social Science History Association, Baltimore, 6 novembre 1993.

5. Hadley CANTRIL, cité dans Seymour SUDMAN, « The Presidents and the Polls », *The Public Opinion Quarterly*, volume 46, n° 3, automne 1982, p. 303.

6. Elmer CORNELL, *Presidential leadership of public opinion*, Indiana University Press, 1965, p. 248.

7. Lawrence JACOBS, et Robert SHAPIRO, « The Rise of Presidential Polling : The Nixon White House in Historical Perspective », *The Public Opinion Quarterly*, volume 59, n° 2, été 1995, p. 164.

8. Harry TRUMAN cité dans Robert EISINGER, « *The Use of Surveys by Governments and Politicians* », dans Wolfgang DONSBACH et Michael TRAUGOTT (dir.), *The Sage Handbook of Public Opinion Research*, Sage, 2008, p. 489.

9. Lawrence JACOBS et Melanie BURNS, « The Second Face of the Public Presidency : Presidential Polling and the Shift from Policy to Personality Polling », *Presidential Studies Quarterly*, septembre 2004, volume 34, n° 3, p. 540.

10. Joshua GREEN, « The Other War Room », *The Washington Monthly*, 2 avril 2002.

11. Robert EISINGER, *The Evolution of Presidential Polling*, Cambridge University Press, 2003, p. 57.

12. Bruce ALTSCHULER, *LBJ and the polls*, University of Florida Press, 1990, p. XI.

13. H. R. HALDEMAN, *The Haldeman Diaries : Inside the Nixon White House*, Publishing Mills, 1995, p. 49.

14. Shoon Kathleen MURRAY et Peter HOWARD, « Variation in White House Polling Operations : Carter to Clinton », *The Public Opinion Quarterly*, volume 66, n° 4, hiver 2002, p. 544.

15. Lawrence JACOBS et Robert SHAPIRO, « The Rise of Presidential Polling », p. 184.

16. James DRUCKMAN et Lawrence JACOBS, « Lumpers and Splitters : The Public Opinion Information That Politicians Collect and Use », *The Public Opinion Quarterly*, volume 70, n° 4, hiver 2006, p. 458.

17. Lawrence JACOBS et Melinda JACKSON, « Presidential leadership and the threat to popular sovereignty », dans Michael GENOVESE et Matthew STREB (dir.), *Polls and Politics : The Dilemmas of Democracy*, State University of New York Press, 2004, p. 33.

18. Robert EISINGER, *The Evolution of Presidential Polling*, p. 165.

19. Diane HEITH, *Polling to govern. Public Opinion and Presidential leadership*, Standford University Press, 2004, p. 38.

20. Richard BEAL et Ronald HINCKLEY, « Presidential Decision Making and Opinion Polls », *The Annals of the American Academy of Political and Social Science*, volume 472, mars 1984, p. 76.

21. John GEER, *From Tea Leaves to Opinion Polls : A Theory of Democratic leadership*, Columbia University Press, 1996, p. 86.

22. George STEPHANOPOULOS, cité dans Christopher PAGE, *The Roles of Public Opinion Research in Canadian Government*, University of Toronto Press, 2006, p. 33.

23. Jill LEPORE, « Politics and the New Machine : What the turn from polls to data science means for democracy », *The New Yorker*, 8 novembre 2015.

24. Jean-Paul GREMY, « L'observation de l'opinion publique en France et la naissance des sondages d'opinion », p. 78.

25. Loïc BLONDIAUX, *La fabrique de l'opinion*, p. 396.

26. Marcel BLEUSTEIN-BLANCHET, « Le président et les bookmakers », *Le Monde*, 27 avril 1981.

27. René JAGER, dans SENAT, Compte rendu intégral de la 38e séance du 30 juin 1977, p. 1974.

28. Nicolas DOMENACH et Maurice SZAFRAN, *De si bons amis*, Plon, 1994, p. 226.

29. Loïc BLONDIAUX, *La fabrique de l'opinion*, p. 489.

30. Marcel BLEUSTEIN-BLANCHET, *La traversée du siècle*, Robert Laffont, 1994, p. 175.

31. Christian DELPORTE, *La France dans les yeux : une histoire de la communication politique de 1930 à nos jours*, Flammarion, 2007, p. 62.

32. Christian DELPORTE, *La France dans les yeux*, p. 63.

33. Roland SADOUN, « La Ve République et les sondages » (entretien), *Le Débat*, 1996, n° 88, p. 34.

34. Jérôme JAFFRE, « La Ve est-elle une république des sondages ? », *Commentaire*, 2019, volume 1, n° 165, p. 16.

35. « Aux RG, les simulations remplacent les sondages », *Le Monde*, 21 avril 2002.

36. Bernard RIDEAU, *L'illusion du pouvoir*, La Table Ronde, 1985, p. 76.

37. Raphaëlle BACQUÉ, *L'enfer de Matignon*, Albin Michel, 2018, p. 260.

38. Bernard RIDEAU, « Présidentialisme et sondocratie : le modèle Giscard », *Pouvoir*, n° 33, avril 1985, p. 83.

39. Décret n° 76-124 du 6 février 1976 portant création d'un service d'information et de diffusion dans *Journal officiel de la République française*, n° 0032 du 7 février 1976.

40. Gérard COLÉ, *Le conseiller du prince*, Michel Lafon, 1999, p. 49.

41. Gérard COLÉ, *Le conseiller du prince*, p. 62-64.

42. Eric MANDONNET, « Les politiques drogués aux sondages », *L'Express*, 17 janvier 2002.

43. Décret n° 2000-1027 du 18 octobre 2000.

44. Céline BELOT, « Exploring the democratic linkage through the lens of governmental polling : a research agenda », *French Politics*, volume 17, n° 2, 2019, p. 217.

45. Grégoire BISEAU, « À l'Élysée, Nicolas Sarkozy change d'opinion », *Libération*, 1er septembre 2011.

46. Chloé MORIN, *On aura tout essayé…*, Fayard, 2023, p. 241.

47. Bernard RIDEAU, *L'illusion du pouvoir*, p. 194.

48. Charles SALZMANN, *Le bruit de la main gauche : 30 ans d'amitié et de confidences avec François Mitterrand*, Robert Laffont, 1996, p. 191.

49. Gérard COLÉ, *Le conseiller du prince*, p. 48.

50. Bernard RIDEAU, « Présidentialisme et sondocratie : le modèle Giscard », *Pouvoir*, p. 83.

51. Charles SALZMANN, *Le bruit de la main gauche*, p. 103. La note intitulée « Opinion publique/Gouvernement/Élection 86 », en date du 12 avril 1984, est reproduite dans cet ouvrage (p. 248-257).

52. Tony BLAIR, *A journey*, Random House, 2010, p. 298.

53. Robert EISINGER, *The Evolution of Presidential Polling*, p. 159.

54. Gérard LE GALL, « Le décryptage de l'opinion », dans Pierre BRECHON (dir.), *La gouvernance de l'opinion publique*, L'Harmattan, 2003, p. 75.

55. Jonathan SCHELL, « The uncertain leviathan », *The Atlantic Monthly*, volume 278, n° 2, août 1996, p. 72.

III. LES ÉTUDES D'OPINION RÉALISÉES PAR LES GOUVERNANTS

1. Cité dans Francis BALLE, « Double peine pour les sondages », *Le Figaro*, 10 mars 2011.

2. Bruce ALTSCHULER, *LBJ and the polls*, p. 19.

3. James DRUCKMAN et Lawrence JACOBS, *Who Governs ? Presidents, Public Opinion, And Manipulation*, The University of Chicago Press, 2015, p. 29.

4. Shoon Kathleen MURRAY et Peter HOWARD, « Variation in White House Polling Operations : Carter to Clinton », *The Public Opinion Quarterly*, p. 538.

5. Robert EISINGER, *The Evolution of Presidential Polling*, p. 150.

6. Céline BELOT, « Exploring the democratic linkage through the lens of governmental polling : a research agenda », p. 212.

7. SÉNAT, DIPED-2019-1.

8. Gérard LE GALL, « Le décryptage de l'opinion », dans Pierre BRECHON (dir.), *La gouvernance de l'opinion publique*, p. 72-73.

9. Monique DAGNAUD, « Sondages, télévision : tel est pris… », *Le Monde*, 29 avril 1995.

10. Jean-Marc LECH, *Sondages privés, les secrets de l'opinion*, Stock, 2001, p. 96.

11. *Ibid.*, p. 96.

12. COUR DES COMPTES, Rapport « Les dépenses de communication des ministères », octobre 2011, p. 75.

13. « Études et analyse d'opinion », Consultation n° SIG_2023_01, mars 2023.

14. COUR DES COMPTES, Rapport « Les dépenses de communication des ministères », p. 69.

15. *Ibid.*, p. 67.

16. John GEER, *From Tea Leaves to Opinion Polls*, p. 82.

17. Lawrence JACOBS et Melanie BURNS, « The Second Face of the Public Presidency : Presidential Polling and the Shift from Policy to Personality Polling », p. 548.

18. Jean-Marc LECH, *Sondages privés, les secrets de l'opinion*, p. 216.

19. Dick MORRIS, *Behind the Oval Office : Winning the Presidency in the Nineties*, Random House, 1997, p. 10.

20. Lucien JAUME, *Échec au libéralisme : les Jacobins et l'État*, Éditions Kimé, 1990, p. 50.

21. Diane HEITH, *Polling to govern*, p. 61.

22. Diane HEITH, « Staffing the White House Public Opinion Apparatus 1969-1988 », *The Public Opinion Quarterly*, volume 62, n° 2, été 1998, p. 180.

23. Dick MORRIS, *Behind the Oval Office*, p. 212.

24. Philip GOULD, *The Unfinished Revolution : How the Modernisers Saved the Labour Party*, Little, Brown and company, 1998, p. 326.

25. Roland CAYROL et Arnaud MERCIER, *Mon voyage au cœur de la Ve République*, Calmann-Lévy, 2023, p. 139.

26. Tony BLAIR, *A journey*, p. 298.

27. Christopher PAGE, *The Roles of Public Opinion Research in Canadian Government*, p. 76.

28. Irving CRESPI, *Public opinion, polls and democracy*, Avalon Publishing, 1989, p. 20.

29. Diane HEITH, « Staffing the White House Public Opinion Apparatus 1969-1988 », p. 186.

30. Jean-Marc LECH, *Sondages privés, les secrets de l'opinion*, p. 217.

31. Diane HEITH, « Staffing the White House Public Opinion Apparatus 1969-1988 », p. 178.

32. H. R. HALDEMAN, *The Haldeman Diaries*, p. 119.

33. James DRUCKMAN et Lawrence JACOBS, *Who Governs ? Presidents, Public Opinion, And Manipulation,* p. 460.

34. Richard CROSSMAN, cité dans Mark PACK, *Polling UnPacked : The History, Uses and Abuses of Political Opinion Polls*, Reaktion Books, 2022, p. 176.

35. Michael TOWLE, *Out of Touch : The Presidency and Public Opinion*, Texas A&M University Press, 2004, p. 83.

36. Roland CAYROL et Arnaud MERCIER, *Mon voyage au cœur de la Vᵉ République*, p. 42-44.

37. *Ibid.*, p. 44.

38. SERVICE POLITIQUE DE LIBÉRATION, *Histoire secrète de la dissolution*, p. 71.

39. Raphaëlle BACQUÉ, *L'enfer de Matignon*, p. 177.

40. Patrick STEFANINI et Carole BARJON, *Déflagration : dans le secret d'une élection impossible*, Robert Laffont, 2017, p. 147.

41. V. O. KEY, *Public Opinion and American Democracy*, Alfred Knopf, 1961, p. 235. V. O. Key suggère d'utiliser le terme en lieu et place des catégories de stabilité et volatilité.

42. Tony BLAIR, *A journey*, p. 298.

43. Céline BELOT, « Exploring the democratic linkage through the lens of governmental polling : a research agenda », p. 219.

IV. LES SONDAGES, UN INSTRUMENT D'EXERCICE DU POUVOIR

1. Antoine de SAINT-EXUPÉRY, *Vol de nuit,* Folio, 2018, p. 105.

2. Lucien JAUME, *Échec au libéralisme*, p. 47.

3. Gérard COURTOIS, « Sondages électoraux : gare à la schizophrénie ! », *Le Monde*, 15 mars 2011.

4. Jacques SEGUELA et Thierry SAUSSEZ, *La prise de l'Élysée : Les campagnes présidentielles de la Vᵉ République*, Plon, 2007, p. 167.

5. Diane HEITH, *op. cit.*, p. 141.

6. George W. Bush, cité dans Dunn Tenpas, Kathryn, « Words vs. Deeds : President George W. Bush and polling », *The Brookings Review*, juillet 2003.

7. Tony Blair, *A journey*, p. 298.

8. Raphaëlle Bacqué, *L'enfer de Matignon*, p. 253.

9. Dick Morris, *Behind the Oval Office*, p. 11.

10. Patrick Stefanini et Carole Barjon, *Déflagration : dans le secret d'une élection impossible*, p. 146.

11. Diane Heith, *op. cit.*, p. 126.

12. Tony Blair, *A journey*, p. 298.

13. Karlyn Bowman, « Chapitre 3. Polling to Campaign and to Govern », dans Thomas Mann et Norman Ornstein (dir.), *The permanent Campaign and its Future*, Aei Press, 2000, p. 71.

14. V. O. Key, *Public Opinion and American Democracy*, p. 263.

15. Roland Cayrol et Pascal Delannoy, *La revanche de l'opinion*, Jacob Duvernet, 2007, p. 101.

16. Gérard Colé, *Le conseiller du prince*, p. 50.

17. Ariel Colonomos, *La politique des oracles : raconter le futur aujourd'hui*, Albin Michel, 2014, p. 42-43.

18. Loïc Blondiaux, *La fabrique de l'opinion*, p. 53.

19. Thomas Frinault, Érik Neveu et Pierre Karila-Cohen, *Qu'est-ce que l'opinion publique ? Dynamiques, matérialités, conflits*, Folio, 2023, p. 88.

20. Chris Ellis, « Reviewed Work(s) : Who Governs ? Presidents, Public Opinion, and Manipulation by James Druckman and Lawrence Jacobs », *The Public Opinion Quarterly*, volume 80, n° 1, printemps 2016, p. 214.

21. Christine Rothmayr et Sibylle Hardmeier, « Government and polling : use and impact of polls in the policy-making process in Switzerland », *International Journal of Public Opinion Research*, volume 14, n° 2, p. 130-131.

22. David Easton, cité dans Christopher Page, *The Roles of Public Opinion Research in Canadian Government*, p. 13.

23. Julianna Pacheco, « The Thermostatic Model of Responsiveness in the American States », *State Politics & Policy Quarterly*, volume 13, n° 3, septembre 2013, p. 306-332.

V. AGIR DANS LE JEU POLITIQUE

1. Abraham LINCOLN, cité dans George GALLUP et Saul Forbes RAE, *The pulse of democracy*, p. 6.

2. Napoléon BONAPARTE, cité dans Emmanuel de LAS CASES, *Mémorial de Sainte-Hélène*, p. 470.

3. Loïc BLONDIAUX, *La fabrique de l'opinion*, p. 41.

4. George GALLUP, « Government and the Sampling Referendum », *Journal of the American Statistical Association*, volume 33, n° 201, mars 1938, p. 131.

5. Pierre BOURDIEU, « L'opinion publique n'existe pas », *Les temps modernes*, n° 318, janvier 1973, p. 1295.

6. Daniel GAXIE, *Sondages : précautions avant usages. Tout ce que vous devez savoir sur les sondages sans avoir jamais songé à vous en préoccuper*, Fondation Gabriel Péri, décembre 2020, p. 6.

7. Jeffrey P. MEHLTRETTER DRURY, *Speaking with the People's Voice : How Presidents Invoke Public Opinion*, Texas A&M University Press, 2014, p. 19-20.

8. Lucien JAUME, *Échec au libéralisme*, p. 49.

9. Éric WOERTH, « Ministres des réformes passées, ils scrutent l'action du gouvernement », *Le Figaro*, 1er février 2023.

10. Lucien JAUME, *Échec au libéralisme*, p. 47.

11. Gérard GRUNBERG, « Chapitre 7. Sondages et participation politique », dans Bertrand BADIE (dir.), *Le citoyen*, Presses de Sciences Po, 2000, p. 172.

12. Philippe JUHEM, « Les "favoris des sondages". Contribution à une analyse des structures de la popularité politique mesurée par les baromètres d'opinion », *Sociétés contemporaines*, 2017, volume 2, n° 106, p. 102.

13. Samuel KERNELL, *Going Public : New Strategies of Presidential Leadership*, p. 2.

14. Gérard GRUNBERG, « Chapitre 7. Sondages et participation politique », dans Bertrand BADIE (dir.), *Le citoyen*, p. 177.

15. Sondage Ipsos pour *Le Matin* (échantillon de 1 077 personnes, 1er août 1984).

16. Étienne Dailly (gauche démocratique), Dominique Pado (centriste) et Charles Pasqua (RPR).

17. Michel KAJMAN, « Le tribunal juge irrecevable la plainte des sénateurs de l'opposition », *Le Monde*, 15 août 1984.

18. Justin VAÏSSE, « Chapitre 9 / Le rôle de l'opinion publique », dans Louis BALTHAZAR, Charles-Philippe DAVID et Justin VAÏSSE (dir.), *La politique étrangère des États-Unis*, Presses de Sciences Po, 2008, p. 434.

19. Bruce ALTSCHULER, *LBJ and the polls*, p. 59.

20. Léonard BURNAND, *Necker et l'opinion publique*, p. 53.

21. Thierry LIBAERT, « À force de trop cultiver la popularité… », *Études*, octobre 1994, p. 332.

22. Paul BRACE et Barbara HINKCLEY, *Follow the leader : Opinion Polls and the Modern Presidents*, Basic Books, 1992, preface, p. I.

23. Raphaëlle BACQUÉ, *L'enfer de Matignon*, p. 254.

24. *Ibid.*, p. 253.

25. *Ibid.*, p. 257-258.

26. *Ibid.*, p. 12.

27. En février 1970, il le dépasse d'un point (57 % contre 56 %) dans le baromètre IFOP.

28. Kent WEAVER, « The Politics of Blame Avoidance », *Journal of Public Policy*, volume 6, n° 4, octobre-décembre 1986, p. 388.

29. Jacques PILHAN, cité dans François BAZIN, *Le Sorcier de l'Élysée*, Place des Éditeurs, 2013, p. 104.

30. Robert SHAPIRO et Benjamin PAGE, *The Rational Public : Fifty Years of Trends in Americans' Policy Preferences*, University of Chicago Press, 1992, p. 348.

31. Jules MICHELET, *Histoire de France*, p. 108.

32. *Ibid.*, p. 127.

33. *Ibid.*, Tome 9, p. 114.

34. Claire ARTUFEL et Marlène DUROUX, *Nicolas Sarkozy et la communication*, Pepper, 2006, p. 212.

35. Philippe JUHEM, « Les "favoris des sondages". Contribution à une analyse des structures de la popularité politique mesurée par les baromètres d'opinion », *Sociétés contemporaines*, p. 123.

36. Paul BRACE et Barbara HINKCLEY, *Follow the leader*, p. 1.

37. Lee Sigelman, et Kathleen Knight, « Why Does Presidential Popularity Decline ? A Test of the Expectation/Disillusion Theory », *The Public Opinion Quarterly*, volume 47, n° 3, automne 1983, p. 310.

38. John Mueller, *War, presidents and public opinion*, John Wiley & Sons, 1973, p. 209.

39. Jean-Luc Parodi, « Chronique de l'opinion publique : Jacques Chirac devant l'opinion (1970-1985) », *Pouvoirs*, n° 34, septembre 1985, p. 157-165.

40. Samuel Kernell, *Going Public : New Strategies of Presidential Leadership*, p. 200.

41. « La popularité de Ségolène Royal en 2006 était une "hallucination collective", selon DSK », *Le* Monde, 1er décembre 2010.

42. Dick Morris, *Behind the Oval Office*, p. 88.

43. *Ibid.*, p. 235.

44. *Ibid.*, p. 238.

45. Lawrence Jacobs et Robert Shapiro, *Politicians Don't Pander : Political Manipulation and the Loss of Democratic Responsiveness*, The University of Chicago Press, 2000, p. 27.

46. François Bazin, *Le Sorcier de l'Élysée.*

47. Susan Herbst, *A Troubled Birth*, p. 153.

48. Jonathan Schell, « The uncertain leviathan », *The Atlantic Monthly*, p. 73.

49. Maxwell McCombs et Donald Shaw, « The agenda-setting function of mass media », *Public Opinion Quarterly*, volume 36, n° 2, été 1972, p. 176-187.

50. Michael Towle, *Out of Touch : The Presidency and Public Opinion*, p. 69.

51. Diane Heith, *op. cit.*, p 93.

52. Claire Artufel et Marlène Duroux, *Nicolas Sarkozy et la communication*, p. 194.

53. Alfred Sauvy, *L'opinion publique*, p. 127.

VI. LA TENTATION DE LA MANIPULATION DE L'OPINION

1. Edward BERNAYS, *Propaganda : comment manipuler l'opinion en démocratie*, 2007, Zones, p. 31.

2. Patrick EVENO, « *Médias et journalistes dans les crises politiques* », dans François D'ORCIVAL (dir.), *Opinion publique et crise de la démocratie*, p. 166.

3. Edward BERNAYS, *Propaganda : comment manipuler l'opinion en démocratie*, p. 39.

4. *Ibid.*, p. 101.

5. Benjamin GINSBERG, *The Captive Public*, p. 85.

6. Pierre BOURDIEU, « L'opinion publique n'existe pas », p. 1292-1309.

7. Patrick CHAMPAGNE, *Faire l'opinion : le nouveau jeu politique*, p. 46.

8. Walter BAGEHOT, cité dans Robert WEISSBERG, *Polling, policy and public opinion : the case against heeding the « voice of the people »*, Palgrave Macmillan, 2002, p. 1.

9. Alexis de TOCQUEVILLE, *De la démocratie en Amérique*, Tome II, p. 23.

10. Stuart John MILL, *On Liberty*, Batoche Books, 2001, p. 13.

11. Benjamin GINSBERG, « La transformation de l'opinion publique par les sondages », dans Nicole D'ALMEIDA (dir.), *L'opinion publique*, CNRS Éditions, 2009, p. 86.

12. Patrick CHAMPAGNE, *Faire l'opinion : le nouveau jeu politique*, p. 201.

13. Bernard RIDEAU, « Présidentialisme et sondocratie », p. 79-87.

14. Patrick CHAMPAGNE, « Faire l'opinion 20 ans après », dans *Le Monde Diplomatique* et *L'observatoire des sondages*, *Critique des sondages : Actes du colloque*, 2013, p. 29.

15. Édouard BALLADUR, *Machiavel en démocratie. Mécanique du pouvoir*, Fayard, 2006, p. 45.

16. Lawrence JACOBS, et Robert SHAPIRO, « Presidential manipulation or public opinion : The Nixon Administration and the Pollsters », *Political Science Quarterly*, volume 110, n° 4, hiver 1995-1996, p. 524.

17. *Ibid.*, p. 521.

18. Alain LANCELOT, « Sondages et démocratie », dans SOFRES, *Opinion publique, enquêtes et commentaires*, Gallimard, 1984, p. 261.

19. Patrick CHAMPAGNE, « Usages sociaux des sondages et nouvel espace politique », *Actes de la recherche en sciences sociales*, volume 71-72, mars 1988, p. 85.

20. Hugh HECLO, « Chapitre 1. Campaigning and Governing : A Conspectus », dans Thomas MANN et Norman ORNSTEIN (dir.), *The permanent Campaign and its Future*, p. 2.

21. Alain MINC, *L'ivresse démocratique*, Gallimard, 1995, p. 15.

22. Patrick CHAMPAGNE, « Usages sociaux des sondages et nouvel espace politique », p. 94.

23. Jean-Marc FERRY, « Les transformations de la publicité politique », *Hermès, La Revue*, volume 1, n° 4, 1989, p. 26.

24. John BREHM, *The Phantom Respondents : Opinion Surveys and Political Representation*, The University of Michigan Press, 1993, p. 6, cité dans John GEER, *From Tea Leaves to Opinion Polls*, p. 88.

25. Jean-Marie COTTERET, cité dans Claire ARTUFEL et Marlène DUROUX, *Nicolas Sarkozy et la communication*, p. 212.

26. Lawrence JACOBS, « Manipulators and manipulation : Public opinion in a representative democracy », *Journal of health politics, policy and law*, 2001, volume 26, n° 6, p. 1371.

27. Lawrence JACOBS et Robert SHAPIRO, *op. cit.*, p 320-321.

28. Lawrence JACOBS, « Manipulators and manipulation : Public opinion in a representative democracy », p. 1363.

29. *Ibid.*, p. 1363.

30. Chris ELLIS, « Reviewed Work(s) : Who Governs ? Presidents, Public Opinion, and Manipulation by James Druckman and Lawrence Jacobs », p. 214.

31. Brandon ROTTINGHAUS, *The Provisional Pulpit : Modern Presidential Leadership of Public Opinion*, Texas A&M University Press, 2010, p. 11.

32. Patrick EVENO, « *Médias et journalistes dans les crises politiques*, dans François D'ORCIVAL (dir.), *Opinion publique et crise de la démocratie*, p. 180.

33. Gérard GRUNBERG et Nonna MAYER, « L'effet sondage des citoyens ordinaires aux élites politiques », dans Yves DÉLOYE,

Alexandre DÉZÉ, et Sophie MAURER, *Institutions, élections, opinion : mélanges en l'honneur de Jean-Luc Parodi*, Presses de Sciences Po, 2014, p. 219.

34. Lawrence JACOBS, « Manipulators and manipulation : Public opinion in a representative democracy », p. 1372.

35. Bruno JEANBART, « Contrat première embauche (2006) : les ruptures de tendance de l'opinion » (entretien), dans Thierry PORTAL (dir.), *Crises et facteur humain : Les nouvelles frontières mentales des crises*, De Boeck, 2009, p. 122.

VII. UNE CONTRAINTE POUR L'ACTION PUBLIQUE

1. Charles DE GAULLE, *Le fil de l'épée*, 1018, 1962, p. 147.

2. Paul BRACE et Barbara HINKCLEY, *Follow the leader*, p. 163.

3. Alain GARRIGOU, « Les sondages contre les élections », 10 mai 2013, *blog.mondediplo.net/2013-05-10-Les-sondages-contre-les-elections.*

4. Tony BLAIR, *A journey*, p. 298.

5. Michel ROCARD, *« Si ça vous amuse… » : Chronique de mes faits et méfaits*, Flammarion, 2010, p. 508.

6. Philippe JUHEM, « Les "favoris des sondages". Contribution à une analyse des structures de la popularité politique mesurée par les baromètres d'opinion », *Sociétés contemporaines*, p. 108.

7. Jean-Jacques BECKER, « L'opinion publique : un populisme », *Vingtième Siècle, revue d'histoire*, n° 56, Les populismes, octobre-décembre 1997, p. 97.

8. Bernard QUIRINY, « Remarque sur la démocratie d'opinion », dans Dominique ANDOLFATTO et Romain RAMBAUD, (dir.), *L'opinion publique : De la science politique au droit ?*, Institut Universitaire Varenne, 2016, p. 58.

9. Napoléon BONAPARTE, cité dans Emmanuel de LAS CASES, *Mémorial de Sainte-Hélène*, p. 120.

10. Sondage Odoxa – Backbone pour *Le Figaro* (échantillon de 1 500 personnes, 14-15 mars 2023).

11. Jean STOETZEL, *Théorie des opinions*, p. 388.

12. Bernard RIDEAU, *Op. cit.*, p 61.

13. Alfred SAUVY, *L'opinion publique*, p. 11.

14. Sondage BVA pour France Télévision, Europe 1, *Libération* et *Paris Match* (échantillon de 968 personnes, 28 mars 1994).

15. Sondage CSA pour RTL et *Le Parisien* (échantillon de 1 000 personnes, 30 novembre-1er décembre 1995).

16. Sondage Ifop pour *L'Alsace – Le Pays* (échantillon de 950 personnes, 3-4 mars 2006).

17. Pierre VIANSSON-PONTÉ, « Les sondages n'annoncent pas la révolution », *Le Monde*, 31 juillet 1972.

18. Roland PENNOCK, « Responsiveness, Responsibility, and Majority Rule », *The American political science review*, volume 46, n° 3, septembre 1952, p. 790.

19. Arend LIJPHART, *Democracies. Patterns of Majoritarian and Consensus Government in Twenty-One Countries*, Yale University Press, 1984, p. 2, cité dans Robert EISINGER, « The Use of Surveys by Governments and Politicians », dans Wolfgang DONSBACH et Michael TRAUGOTT (dir.), *The Sage Handbook of Public Opinion Research*, p. 491.

20. Brandice CANES-WRONE, *Who Leads Whom ? Presidents, Policy, and the Public*, University of Chicago Press, 2005, p. 176.

21. Joel BROOKS, « Democratic Frustration in the Anglo-American Polities : a Quantification of Inconsistency Between Mass Public Opinion and Public Policy », *The Western Political Quarterly*, volume 38, n° 2, juin 1985, p. 259.

22. Sondage OpinionWay pour *Bastille Magazine* (échantillon de 1 035 personnes, 27-28 septembre 2023).

23. Baromètre de la confiance politique OpinionWay pour le Cevipof (échantillon de 3 514 personnes, 8-18 janvier 2024).

24. Calculs effectués à partir des données du baromètre de l'Ifop.

25. Luc ROUBAN, *Les raisons de la défiance*, Presses de Sciences Po, 2022, p. 7.

26. Baromètre de la confiance politique OpinionWay pour le Cevipof (échantillon de 2 105 personnes inscrites sur les listes électorales, 20-31 janvier 2021).

27. Baromètre de la confiance politique OpinionWay pour le Cevipof (échantillon de 3 514 personnes, 8-18 janvier 2024).

28. Luc ROUBAN, *Les raisons de la défiance*, p. 124.

29. Sondage OpinionWay pour On aura tout essayé… (échantillon de 1013 personnes, 19-20 octobre 2022).

30. Sondage OpinionWay pour État d'esprit Stratis (échantillon de 1521 personnes, 13-15 décembre 2021).

31. Michael TOWLE, *Out of Touch : The Presidency and Public Opinion*, p. 100.

32. *Ibid.*, p. 115.

VIII. LES CAUSES DE L'ABSENCE DE PRISE EN COMPTE DE L'OPINION

1. Harry TRUMAN, cité dans Michael GENOVESE, « *Presidents, polls, and the paradox of democratic governance* », dans Michael GENOVESE et Matthew STREB (dir.), *Polls and Politics : The Dilemmas of Democracy*, p. 18-19.

2. Steven KULL et I. M. DESTLER, *Misreading the Public : The Myth of a New Isolationism*, Brookings, 1999, p. 178.

3. Philippe ALDRIN et Nicolas HUBÉ, *Introduction à la communication politique*, De Boeck Supérieur, 2017, p. 173.

4. Bernard RIDEAU, *op. cit.*, p 220.

5. Diane HEITH, « Continuing to campaign : public opinion and the White House », dans Michael GENOVESE et Matthew STREB (dir.), *Polls and Politics : The Dilemmas of Democracy*, p. 70.

6. Dick MORRIS, cité dans Joseph BESSETTE, « A Plea for Pandering », *Claremont Review of Books*, volume I, n° 2, hiver 2001.

7. *Libération*, 6 novembre 2009.

8. Arnaud LEPARMENTIER, « Quand les études servent aussi à limoger les ministres », *Le Monde*, 9 mars 2011.

9. Robert EISINGER, *The Evolution of Presidential Polling*, p. 145.

10. Samuel KERNELL, *Going Public : New Strategies of Presidential Leadership*, p. 191.

11. Kent WEAVER, « The Politics of Blame Avoidance », *Journal of Public Policy*, p. 371-398.

12. Winston CHURCHILL, cité dans Diane HEITH, *op. cit.*, p. XII.

13. Romain RAMBAUD, « Introduction », dans Dominique ANDOLFATTO et Romain RAMBAUD, (dir.), *L'opinion publique : De la science politique au droit ?*, p. 7.

14. Herbert BLUMER, « Public Opinion and Public Opinion Polling », *American Sociological Review*, volume 13, n° 5, octobre 1948, p. 546.

15. Alexis de TOCQUEVILLE, *De la démocratie en Amérique*, Tome I, Folio, 1986, p. 375.

16. Jean-Jacques BECKER, « L'opinion publique : un populisme », p. 97.

17. *Ibid.*, p 97.

18. Robert WEISSBERG, *Polling, policy and public opinion : the case against heeding the « voice of the people »*, p. 139.

19. Léonard BURNAND, *Necker et l'opinion publique*, p. 67-68.

20. Jules MICHELET, *Histoire de France*, Tome 17, p. 325.

21. Gilles BOYER, *Rase campagne*, JC Lattès, 2017, p. 126. L'auteur ajoute immédiatement qu'ils constituent aussi « un poison mortel ».

22. SUETONE, *Vie des douze Césars*, Folio classique, 1975, p. 126.

23. Harry TRUMAN, cité dans Robert EISINGER, « *The Use of Surveys by Governments and Politicians* », dans Wolfgang DONSBACH et Michael TRAUGOTT (dir.), *The Sage Handbook of Public Opinion Research*, p. 489.

24. Sondage SOFRES pour *Le Journal du Dimanche* (échantillon de 1 000 personnes, 22-30 décembre 1980).

25. Alain PEYREFITTE, *C'était de Gaulle*, Tome II, Fayard, 1997, p. 601.

26. Emmanuel MACRON, Interview télévisé, 22 mars 2023.

27. François MITTERRAND, cité dans Alain MINC, *L'ivresse démocratique*, Gallimard, 1995, p. 21.

28. James DRUCKMAN et Lawrence JACOBS, *Who Governs ? Presidents, Public Opinion, And Manipulation*, p. 460.

29. Citation latine de Virgile signifiant « chose variable et toujours changeante ». Carroll Mason SPARROW, cité dans Lindsay ROGERS, *The Pollsters*, Alfred Knopf, 1949, p. 58.

30. Gabriel ALMOND, *The American People and Foreign Policy*, Frederick A. Praeger, 1950, p. 54.

31. Robert SHAPIRO et Benjamin PAGE, *The Rational Public : Fifty Years of Trends in Americans' Policy Preferences*, p. 37.

32. William R. CASPARY, « The "Mood Theory" : A Study of Public Opinion and Foreign Policy », *The American Political Science Review*, volume 64, n° 2, juin 1970, p. 536-547.

33. Alfred SAUVY, *L'opinion publique*, p. 23.

34. Raphaëlle BACQUÉ, *L'enfer de Matignon*, p. 261.

35. *Ibid.*, p. 13.

36. Robert SHAPIRO et Benjamin PAGE, « Le public rationnel et la démocratie », *Hermès, La Revue*, 2001, volume 3, n° 31, p. 99.

37. Gerald FORD, cité dans Robert EISINGER, *The Evolution of Presidential Polling*, p. 147.

38. Jürgen HABERMAS, *L'espace public : archéologie de la publicité comme dimension constitutive de la société bourgeoise*, p. 141.

39. Walter LIPPMANN, *Le public fantôme*, Éditions Demopolis, 2008, p. 87.

40. *Ibid.*, p. 170.

41. Ole HOLSTI, « Public Opinion and Foreign Policy : Challenges to the Almond-Lippmann Consensus », *International Studies Quarterly*, volume 36, n° 4, décembre 1992, p. 442.

42. Lawrence JACOBS, *op. cit.*, p. 1361.

43. Walter LIPPMANN, cité dans Robert WEISSBERG, *Polling, policy and public opinion : the case against heeding the « voice of the people »*, p. 2.

44. Charles Maurice de TALLEYRAND-PÉRIGORD, Chambre des Pairs, 24 juillet 1821.

45. Robert SHAPIRO et Benjamin PAGE, *The Rational Public : Fifty Years of Trends in Americans' Policy Preferences*, p. 15.

46. James SUROWIECKI, *The Wisdom of Crowds*, Knopf, 2005, 336 p.

47. Andrew SABL, « The Two Cultures of Democratic Theory : Responsiveness, Democratic Quality, and the Empirical-Normative Divide », *Perspectives on Politics*, volume 13, n° 2, juin 2015, p. 356.

IX. QUE FAIRE DE L'OPINION PUBLIQUE ?

1. Valéry GISCARD D'ESTAING, « Édouard Balladur, votre choix : gouverner ou plaire… », *Libération*, 17 février 1995.

2. Hanna PITKIN, *The concept of representation*, University of California Press, 1967, 323 p.

3. Edmund BURKE, *Speech to the electors of Bristol, on his being declared by the sheriffs duly elected one of the representatives in parliament for that city*, 3 novembre 1774.

4. George W. Bush, cité dans Frank Newport, *Polling matters : Why Leaders Must Listen to the Wisdom of the People*, Grand Central Publishing, 2004, p. 46-47.

5. Dick Morris, *Behind the Oval Office*, p. 583.

6. Paul Brace et Barbara Hinkcley, *Follow the leader*.

7. Friedrich Nietzsche, *Considérations inactuelles, I*, Mercure de France, 1907, p. 16.

8. *Ibid.*, p. 9.

9. Jonathan Schell, « The uncertain leviathan », *The Atlantic Monthly*, p. 72.

10. Pour un résumé de cet argument, voir V. O. Key, *Public Opinion and American Democracy*, p. 556-557.

11. John Geer, *From Tea Leaves to Opinion Polls*, p. 177.

12. James Bryce, *The American Commonwealth*, p. 261.

13. Michael Genovese, « Presidents, polls, and the paradox of democratic governance », dans Michael Genovese et Matthew Streb (dir.), *Polls and Politics : The Dilemmas of Democracy*, p. 16.

14. Lawrence Jacobs et Robert Shapiro, *op. cit.*, p. 312.

15. Brandice Canes-Wrone, Michael C. Herron et Kenneth W. Shotts, « Leadership and Pandering : A Theory of Executive Policymaking », *American Journal of Political Science*, vol. 45, n° 3, juillet 2001, p. 533.

16. Lawrence Jacobs et Robert Shapiro, *op. cit.*, p. 544.

17. Édouard Balladur, *Machiavel en démocratie. Mécanique du pouvoir*, p. 25.

18. *Ibid.*, p. 26.

19. Jacques Necker, *De l'Administration des finances de l'État*, 1784, Introduction, p. lxix.

20. John Geer, *From Tea Leaves to Opinion Polls*, p. 47.

21. Susan Herbst, *A Troubled Birth*, p. 114.

22. Pour en savoir davantage, le lecteur pourra se reporter utilement à la *Revue européenne des médias*, n° 54, printemps-été 2020.

23. Thomas Mann et Norman Ornstein (dir.), *The permanent Campaign and its Future*, p. 4.

24. Diane Heith, *op. cit.*, p. 118.

25. Cité dans Jean TULARD, « Napoléon ou la maîtrise de l'opinion publique », dans François D'ORCIVAL (dir.), *Opinion publique et crise de la démocratie*, p. 100.

26. Jean STOETZEL, *Théorie des opinions*, p. 389.

27. Francis BALLE, *Et si la presse n'existait pas…*, p. 20.

28. Brice TEINTURIER, « La fabrique des sondages », dans François D'ORCIVAL (dir.), *Opinion publique et crise de la démocratie*, p. 238.

29. Fred CUTLER, « Jeremy Bentham and the Public Opinion Tribunal », *Public opinion quarterly*, 1999, volume 63, n° 3, p. 328.

30. Céline BELOT, « Gouverner par les sondages ? Nicolas Sarkozy et l'opinion publique », dans Jacques DE MAILLARD, (dir.), *Politiques publiques 3*, Presses de Sciences Po, 2012, p. 78.

31. Sébastien BENETULLIERE, « L'opinion publique des juristes. Analyse d'une figure rhétorique », dans Dominique ANDOLFATTO et Romain RAMBAUD, (dir.), *L'opinion publique : De la science politique au droit ?*, p. 35.

32. Bernard QUIRINY, « Remarque sur la démocratie d'opinion », p. 51.

33. *Ibid.*, p. 53.

34. *Ibid.*, p. 54.

35. Carl SCHMITT, cité dans Sandro LANDI, « Au-delà de l'espace public. Habermas, Locke et le consentement tacite », *Revue d'histoire moderne & contemporaine*, 2012/4, n° 59-4, p. 16.

36. Pierre-Henri TAVOILLOT, *Comment gouverner un peuple-roi : traité nouveau d'art politique*, Odile Jacob, 2019, p. 71.

37. Baromètre de la confiance politique OpinionWay pour le Cevipof (échantillon de 3 514 personnes inscrites sur les listes électorales, 8-18 janvier 2024).

38. Dominique REYNIÉ, « L'opinion publique organique : Auguste Comte et la vraie théorie de l'opinion publique », *Archives de Philosophie*, 2007, volume 1, tome 70, p. 96.

39. Robert WEISSBERG, *Public opinion and popular government*, Prentice-Hall, 1976, p. 74.

40. Bernard QUIRINY, « Remarque sur la démocratie d'opinion », p. 57.

41. Marc DUGAIN, *Tsunami*, Albin Michel, 2023, p. 49.

42. Georges BERNANOS, *La France contre les robots*, Le Castor Astral, 2017, p. 106.

43. Jean STOETZEL, *Théorie des opinions*, p. 389.

CONCLUSION

1. Friedrich NIETZSCHE, *Ainsi parlait Zarathoustra*, Livre de Poche, 1983, p. 15.

2. Carl SCHMITT, cité dans Sandro LANDI, « Au-delà de l'espace public. Habermas, Locke et le consentement tacite », p. 16.

3. Frank NEWPORT, *Polling matters : Why Leaders Must Listen to the Wisdom of the People*, p. 39.

4. Alain SUPIOT, *La Gouvernance par les nombres*, Fayard, 2015, p. 23.

5. Olivier REY, *Quand le monde s'est fait nombre*, Stock, 2016, p. 11.

6. Patrick CHAMPAGNE, *Faire l'opinion : le nouveau jeu politique*, p. 195.

7. Alain SUPIOT, *La Gouvernance par les nombres*, p. 332.

8. Irving CRESPI, *Public opinion, polls and democracy*, p. 95.

9. Lawrence JACOBS et Robert SHAPIRO, *op. cit.*, p 9.

10. Cntrl.

11. Arnaud BENEDETTI, *Comment sont morts les politiques ?*, Éditions du Cerf, 2021, p. 129.

12. Emmanuel-Joseph SIEYÈS, cité dans Jacques GODECHOT, *Les Institutions de la France sous la Révolution et l'Empire*, PUF, 1968, p. 555.

13. Dominique WOLTON, « La communication politique : construction d'un modèle », *Hermès, La Revue* 1989, volume 1 n° 4, p. 33.

14. Dick MORRIS, *Behind the Oval Office*, p. 233.

15. George GALLUP et Saul Forbes RAE, *The pulse of democracy*, p. 15.

16. Franck ESCOUBES et Gilles PRORIOL, *La démocratie, autrement*, Éditions de l'Observatoire, 2021, p. 319.

17. Charles DE GAULLE, *Discours et messages. Dans l'attente, février 1946 – avril 1958*, Plon, 1970, p. 592.

18. Jürgen HABERMAS, *L'espace public : archéologie de la publicité comme dimension constitutive de la société bourgeoise*, p. 249.

19. Lawrence JACOBS et Robert SHAPIRO, *op. cit.*, p. 299.

20. Joëlle ZASK, *L'opinion publique et son double*, p. 64.

Table des matières

Imprimé en France

Achevé d'imprimer
sur les presses de la Nouvelle Imprimerie Laballery
58500 Clamecy

Composition : Nord Compo

N° d'imprimeur : 402403
Achevé d'imprimer : février 2024
Dépôt légal : mars 2024